Jo-Jo

Sprachbuch **4**
Grundschule Bayern

Arbeitsheft

Vereinfachte Ausgangsschrift

Erarbeitet von

Olga Brinster, Gersthofen
Cornelia Holzer, Miesbach

Unter Beratung von

Enno Hörsgen, Langerringen
Dr. Klaus Metzger, Gersthofen
Dr. Helga Rolletschek, Brunnthal
Prof. Dr. Angelika Speck-Hamdan,
München

Cornelsen

Jo-Jo

Sprachbuch 4
Grundschule Bayern
Arbeitsheft
in Vereinfachter Ausgangsschrift

Erarbeitet von	Olga Brinster, Gersthofen; Cornelia Holzer, Miesbach
Unter Einbeziehung der Ausgabe von	Frido Brunold, Sandra Meeh, Henriette Naumann-Harms, Rita Stanzel
Redaktion	lüra – Klemt & Mues GbR, Wuppertal
Illustrationen	Susann Hesselbarth, Leipzig; Ulf K., Düsseldorf
Umschlagillustration	Sylvia Graupner, Annaberg-Buchholz
Layoutkonzept	Heike Börner, Berlin
Technische Umsetzung	die buchetage – Kalwert und Walsh GbR, Berlin
Text- und Bildquellen	S. 52 Neuschwanstein © figurniysergey.com – Colourbox.com, Eiffelturm © CHANCE-UP-MANAGER/Fotolia.com, Burj Khalifa © The Photos/Fotolia.com; S. 53 Freiheitsstatue © kmiragaya/Fotolia.com; S. 72, 84: Fährmann, Willi: Der überaus starke Willibald (Auszug, gekürzt). Würzburg, Arena Verlag GmbH 1993; S. 83, 86 Sykanaya lebt in Thailand, Jampi heißt die Elefantenkuh (Auszüge, gekürzt). Aus: Geolino Nr. 9, September 2004. Hamburg, Gruner + Jahr AG & Co KG.

www.cornelsen.de

Alle Drucke dieser Auflage sind inhaltlich unverändert und
können im Unterricht nebeneinander verwendet werden.

© 2015 Cornelsen Schulverlage GmbH, Berlin
© 2017 Cornelsen Verlag GmbH, Mecklenburgische Str. 53, 14197 Berlin,
E-Mail: service@cornelsen.de

Druck: H. Heenemann, Berlin

1. Auflage, 7. Druck 2025
Arbeitsheft
978-3-06-083089-3

1. Auflage, 1. Druck 2015
Arbeitsheft mit Interaktiven Übungen
978-3-06-083934-6

PEFC
PEFC/04-31-1156

PEFC-zertifiziert
Dieses Produkt
stammt aus
nachhaltig
bewirtschafteten
Wäldern
www.pefc.de

Inhalt

Wörter mit Doppelkonsonanten

1 Lies die Wörter laut. Sprichst du den ersten Vokal lang oder kurz?
Besprich dich mit deinem Partnerkind.

Teller • Telefon   mutig • Mutter   schaffen • Schafe   Ebbe • eben

Esel • essen   Zimmer • Klima   hoppeln • toben

2 Schreibe aus Aufgabe 1 die Wörter mit kurzem Vokal und Doppelkonsonant.
Kennzeichne den kurzen Vokal und markiere die Doppelkonsonanten.

Teller

3 Zähle die Bilder zu den Nomen. Schreibe die richtige Anzahl auf.
Zeichne Silbenbögen. Kennzeichne den kurzen Vokal.

Bett • Schiff • Ball • Fass • Fluss • Nuss • Kamm • Herr • Blatt • Griff • Unfall

4 Betten

Richtig schreiben

4 Finde Reimwortpaare. Schreibe sie ohne Verlängerung auf.
Markiere den Doppelkonsonanten in beiden Wörtern. Kennzeichne den kurzen Vokal.

schneller · toller · netter · nasser
fetter · blasser · schriller · matter
dümmer · heller · voller · glatter

schnell – hell, _____

_____

_____

5 Wähle passende Adjektive aus Aufgabe 4.
Schreibe Sätze mit **nicht so wie**.

| Pferd • Auto | Gurke • Banane | Gummibärchen • Müsli | Silber • Gold |
| Mond • Sonne | Tag • Nacht | Klingel • Sirene | Schnee • Eis |

Ein Pferd ist nicht so schnell wie ein Auto.

_____

_____

_____

_____

_____

_____

Wörter trennen

1 Sprich die Wörter. Schwinge die Silben.
Schreibe die Wörter mit Trennstrichen auf.

geben	Wagen	Boden	leben	neben	schenken	heute
morgen	helfen	Zeitung	Gesicht	Nase	merken	werfen
genau	lieben	Finger	tanken	reiten	weinen	gegen

ge - ben, _____

_____

_____

_____

2 Schreibe die Wörter mit Trennstrichen in die richtige Spalte der Tabelle.

Geburtstagsfest	freundschaftlich	Geburtstagslied
Tortenschlacht	Schokolade	Geschenketisch
Einladung	Luftschlangen	Topfschlagen
Kuchengabel	beschenken	Vorbereitung

drei Silben	vier Silben
freund - schaft - lich	

3 Lies den Text. Erkennst du die Tiere?
Schreibe die Tiernamen mit Trennstrichen auf.
Achtung: Du kannst nicht alle Tiernamen trennen.
Vergleiche deine Lösungen mit deinem Partnerkind.

Das ![Krokodil] zwickt dem ![Nilpferd] in den Po.

Der ![Esel] will die ![Ente] fangen.

Die ![Ameise] spielt Verstecken.

Der ![Tiger] stolpert über einen ![Igel].

Der ![Delfin] sagt dem ![Tintenfisch] Guten Tag.

Der ![Elefant] trifft das ![Nashorn] zum Teetrinken.

Kro-ko-dil, _____

_____

_____

4 Schreibe die Wörter mit Trennstrichen auf.
Achte auf die besonderen Trennregeln. Vergleiche mit deinem Partnerkind.

Affe • erschrecken • Pfütze • glücklich • Katze • schwimmen

plötzlich • schützen • Spinne • vergessen • Zimmer

zusammen • spritzen • stecken • kommen • verstecken

Af-fe, _____

_____

_____

_____

_____

Verlängern: silbentrennendes h

1 Verbinde die passenden Wortpaare.
Zeichne Silbenbögen unter die verlängerten Wörter. Markiere das **h**.

früher	ruht	Zehen	dreht
ruhen	Frühstück	drehen	mühsam
gehen	reiht	Mühe	muht
Schuhe	geht	ziehen	nah
reihen	sieht	muhen	zieht
Kühe	Schuh	glühen	Zeh
sehen	Kuh	Nähe	glüht

2 Setze passende Wörter aus Aufgabe 1 in den Lückentext ein. Markiere das **h**.

Nach dem _Frühstück_ _____ meine Schwester mit

mir ins Maislabyrinth. Auf dem Weg _____ sich ein Pferd

in der Sonne aus. Eine _____ im Stall _____.

Im Labyrinth _____ sich eine Maispflanze dicht an

die andere. Man kommt nur _____ voran.

Plötzlich stößt sich meine Schwester ihren großen _____

an einem Stein. Sie _____ schnell ihren _____

aus und schaut nach, was passiert ist. Sie _____

sich zu mir um und sagt: „Alles in Ordnung."

Wir sind erleichtert, als wir in der Ferne bunte

Sonnenschirme erkennen. Jetzt sind wir ganz _____ am Ziel.

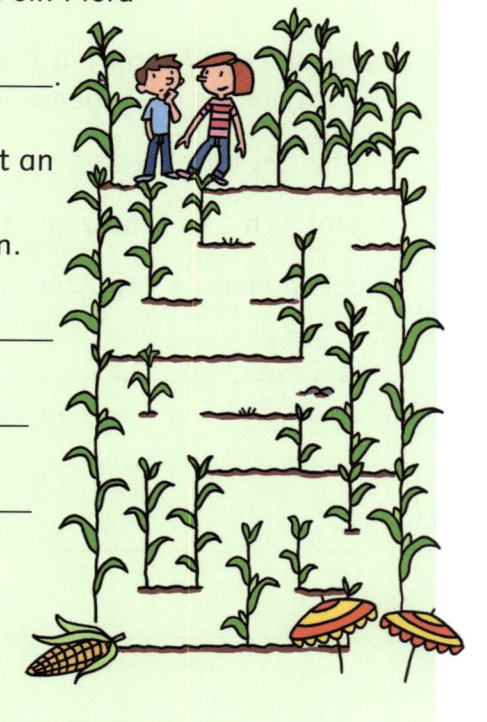

Richtig schreiben

3 Immer drei Wörter passen zusammen. Schreibe sie auf.
Markiere das **h**.

stehen	Schuhladen	Kuhmilch
Schuhe	Stehtisch	Kuhstall
früher	Stehlampe	Frühling
Kühe	Schuhregal	Frühstück

stehen, Stehtisch, _____

_____

_____

_____

4 Schreibe die Verben in den Personalformen **ich**, **du** und **er** auf.
Markiere das **h**.

stehen: *ich stehe,* _____

gehen: _____

drehen: _____

5 Bilde lustige Sätze mit möglichst vielen Wörtern mit silbentrennendem **h**.

Die Kühe ziehen mit Mühe eine Truhe.

_____

_____

_____

_____

_____

Ableiten: Wörter mit ä und äu

1 Verbinde die verwandten Wörter.

das Gras	wärmer
das Haus	die Bäume
warm	die Mäuse
der Raum	älter
der Apfel	die Gräser
der Baum	die Äpfel
alt	die Häuser
die Maus	die Räume

2 Finde die Ableitung zu den Wörtern. Schreibe die Wortpaare auf.

●lter	H●ser	Schl●che	Eink●fe	Bl●tter	tr●men
Z●ne	Erkl●rung	l●stig	H●nde	M●nner	B●me

a/ä: *alt – älter,* _____

_____

au/äu: _____

_____

3 Ergänze passende Wörter mit ä und äu.

Ida liegt in ihrem Bett und *schläft*. Max bewegt die _____

seines Rollstuhls. Im Garten stehen viele _____.

Die Kuh wird von der _____ gemolken.

Die Schulglocke _____ zur Pause.

4 Ergänze die fehlenden Wörter. Markiere die abgeleiteten Buchstaben.

Nomen	Verben	Adjektive
der Glanz	glänzen	glänzend
der Traum		
der Schaum	schäumen	
die Gefahr	gefährden	
der Raum		geräumig
das Haus		
die Zahl		zählbar

5 Ergänze **e/eu** oder **ä/äu**. Denke an ⚡.

H_eu_te Morgen wurde die F_____erwehr zu einem der _____lteren

Reihenh_____ser in der Rosenstraße gerufen. Aus einem Fenster drang

dichter Rauch. „Die machen gerade Eink_____fe!", erkl_____rte eine Nachbarin.

Die Feuerwehrmänner spritzten schn_____ll mit den Schl_____chen in das Fenster.

Zwei M_____nner mit Atemmasken durchsuchten das Geb_____de.

Als sie zurückkamen, hielten sie zwei verkohlte Töpfe in den H_____nden.

Die L_____te hatten vers_____mt, den H_____rd abzuschalten.

„Zum Glück hatten sie einen Schutz_____ngel, der die Feuerwehr

alarmierte", meinte die Nachbarin und fr_____te sich.

ks-Laute

1 Schreibe die Wörter in die Spalten der Tabelle. Markiere in jedem Wort, wie der ks-Laut geschrieben wird.

> Keks • Eidechse • Text • Knacks • sechs • Hexe
> Klecks • Taxi • links • Lexikon • Wachs • Dachs

x	chs
Text	

cks	ks

2 Schreibe mit Wörtern mit ks-Laut aus Aufgabe 1 Sätze.
Zeige deine Sätze deinem Partnerkind.
Schlagt im Wörterbuch oder in der Wörterliste nach: Habt ihr alle Wörter mit ks-Laut richtig geschrieben?

Der Text über einen

3 Beantworte die Fragen in vollständigen Sätzen.
Wenn du unsicher bist, schlage im Lexikon nach.

Welches Tier ist ein mittelgroßer Fisch? | der Dachs | | der Lachs |

Der Lachs ist _____

Was essen viele Kinder gern? | Kleckse | | Kekse |

_____

Wer reitet in Geschichten auf einem Besen? | die Hexe | | die Nixe |

_____

_____

Was ist ein Küchengerät? | der Mixer | | der Boxer |

_____

4 Setze den richtigen ks-Laut ein. Markiere den ks-Laut in Merkwörtern.
Wenn du unsicher bist, schlage im Wörterbuch nach.
Vergleiche deine Lösung mit deinem Partnerkind.

In England fahren die Autos im Lin____verkehr.

Zum Glück müssen wir nicht den ganzen Te____t abschreiben.

Gestern habe ich in einem Amselnest ein Kucku____ei entdeckt.

Die Ta____is in London sind schwarz.

Der Fu____ und der Lu____ sind Raubtiere.

In Märchen kommen oft böse He____en vor.

Supermärkte haben an se____ Tagen geöffnet.

Wörter mit ß

1 Lies die Wörter laut.
Sprichst du den Vokal vor dem s-Laut lang oder kurz?
Erkläre abwechselnd mit deinem Partnerkind die Schreibung des s-Lautes.

Fußball • barfuß • lassen • draußen • heiß • beißen • stoßen
süß • Straße • groß • essen • müssen • Spaß

2 Schreibe die Wörter aus Aufgabe 1 geordnet auf die Linien.

Kurzer Vokal vor s-Laut: _____

Langer Vokal vor s-Laut: _____

_____

_____

3 Ergänze passende Wörter aus Aufgabe 1.
Manchmal musst du die Wörter verändern.

Gestern hatte ich viel _Spaß_____.

Erst habe ich _____ gespielt und sogar gewonnen.

Später lief ich _____ durch die _____.

_____ war es sehr _____.

Als ich zu Hause war, _____ ich ein Eis.

Unser _____ Hund Bello sah das und _____ mich um.

Ich habe mir nicht wehgetan, aber Bello leckte an meinem _____ Eis.

4 Ordne die Wörter nach Wortfamilien.

größer • der Spaßmacher • die Größe • spaßig • die Großstadt • der Rätselspaß

groß: _____

Spaß: _____

5 Finde zu jeder Wortfamilie möglichst viele Wörter. Ein Wörterbuch hilft dir.
Achte darauf, dass sich der Vokal im Wortstamm ändern kann: u/ü.

fuß: *leichtfüßig,* _____

_____

gruß: _____

_____

6 Löse die Rätsel.

1. Es ist nicht klein, sondern *groß* .

2. Bei Rot darf man sie nicht überqueren: _____

3. Was ist das Gegenteil von schwarz? _____

4. Am liebsten spielen wir nicht drinnen, sondern _____ .

7 Denke dir selbst ein Rätsel aus. Die Lösung muss ein Wort mit ß sein.
Lass dein Partnerkind das Rätsel lösen und dir das Wort diktieren.

_____

_____

8 Lies die Zeitformen des Verbs **vergessen**.
Achte auf die Länge des Vokals in der betonten Silbe.
Erkläre deinem Partnerkind die unterschiedliche Schreibung des s-Lautes.

ich vergesse • ich vergaß • ich habe vergessen

9 Sprich die 1. und die 2. Vergangenheit. Achte auf die Länge des Vokals.
Schreibe dann die Vergangenheitsformen auf.

er isst, *er aß,* _____

sie lässt, _____

sie misst, _____

Wortfamilien

1 Ordne die Wörter richtig in die Tabelle ein.
Unterstreiche den Wortstamm.

wachsen · wechselhaft · freuen · nehmen · ausleeren

lieb · Zahl · erwachsen · fehlerlos · erschrecken

Fehlpass · paarweise · angenehm · Leergut · bezahlen

auswechseln · Wechselgeld · zahllos · Teilnehmer · erfreut

Schreck · Liebe · Paarung · Wachstum · leer

Freude · paaren · lieben · verfehlen · schreckhaft

Nomen	Verben	Adjektive
Wachstum		

Richtig schreiben

DU ICH

2 Finde mit deinem Partnerkind Wörter mit den Wortstämmen **rühr**, **spiel** und **sing**. Ihr könnt auch Wörter im Wörterbuch suchen.

rühr: *verrühren,* _____

_____

_____

spiel: _____

_____

_____

sing: _____

_____

_____

DU ICH

3 Setze passende Wörter aus der Wortfamilie **ernähren** in die Sätze ein. Unterstreiche jeweils den Wortstamm. Berate dich mit deinem Partnerkind.

Mein Onkel studiert *Ernährungswissenschaft* .

Ab sofort will ich mich gesund _____.

Ein Baby braucht spezielle _____.

Vögel verbringen viel Zeit mit _____.

Unsere _____ hat Einfluss auf die Gesundheit.

Vollkornbrot ist sehr, sehr _____.

Obst und Gemüse enthalten wichtige _____.

Gesunde _____ kann man im Bioladen kaufen.

NATUR laden
Gesun...

Strategien anwenden 1

1 Verlängern oder ableiten?
Setze über die Ableitungswörter das passende Zeichen.
Setze über die Verlängerungswörter das passende Zeichen.

⟳→	○	○	○	○	○	○	○	○
wild	Mäuse	Gläser	klug	Räuber	blind	spannend	fährt	fremd
○	○	○	○	○	○	○	○	○
hält	Häuser	giftig	rund	Äpfel	dreckig	schläft	Räume	billig

2 Schreibe die ⚡-Wörter mit einer Ableitung auf.

Mäuse – Maus, _____

_____

_____

3 Finde zu den ⟳→-Wörtern das passende Nomen.

Land • Buch • Schuhe • Schlange • Maulwurf • T-Shirt • Form • Mädchen • Tier

das wilde Tier _____

_____

_____

_____

_____

_____

_____

18 **Richtig schreiben**

4 Bilde die Einzahl und schreibe sie an die richtige Stelle im Text.

Bäuche • Sitze • Züge • Plätze • Gärten • Körbe
Hunde • Äpfel • Freunde • Apfelschnitze • Hände

Gestern war ich mit meiner Mutter und meinem *Freund*

im _____ unterwegs. Mein _____ war am Fenster.

In unserem Abteil saß eine alte Frau mit ihrem _____.

Er besetzte den _____ neben ihr. In ihrem _____

hatte sie einen leckeren _____, der auf der einen Seite rot und

auf der anderen Seite gelb war. „Der ist aus meinem _____",

sagte sie ganz stolz. Da knurrte mein _____ laut. Alle mussten lachen.

Die alte Frau teilte den Apfel, gab uns allen einen _____

in die _____ und wir durften ihn essen.

5 Schreibe die passende Ableitung oder Verlängerung.
Ergänze dann den fehlenden Buchstaben.

flie___t - *fliegen* _____   le___t - _____

___lter - _____   run___ - _____

lie___ - _____   l___ft - _____

stei___t - _____

l___nger - _____

6 Vergleicht in der Gruppe eure Lösungen
zu Aufgabe 5. Was fällt euch auf?

1 Für jede Wortgruppe brauchst du eine Strategie.
Schreibe in jedes Kästchen das passende Zeichen.

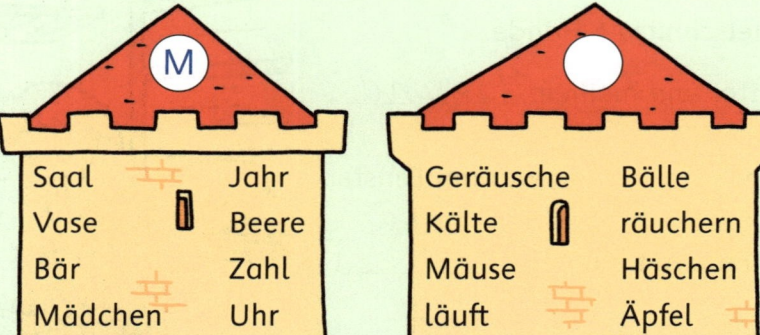

Saal	Jahr
Vase	Beere
Bär	Zahl
Mädchen	Uhr

Geräusche	Bälle
Kälte	räuchern
Mäuse	Häschen
läuft	Äpfel

Dieb	Kobold
Lob	Feld
Berg	Flugzeug

2 Ergänze abgeleitete Wörter.

rauschen – *Geräusche*   Rauch – _____

alt – _____   Ast – _____

Nacht – _____   Saft – _____

lang – _____   laufen – _____

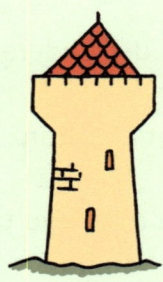

3 Schreibe Wortpaare auf.

Diebe – *Dieb*   Abende – _____

wird – _____   liebt – _____

erlaubt – _____   fremder – _____

4 Schreibe die (M)-Wörter aus Aufgabe 1 ab.
Markiere die Merkstelle.

Saal, _____

_____

5 Finde im Text die Wörter, die du mit Hilfe einer Strategie richtig schreibst.
Zeichne über jedes dieser Wörter das passende Zeichen.
In allen Sätzen sind es mehrere Wörter.

(M)

Beim Zahnarzt muss ich im Wartezimmer warten.

Die Helferin führt mich in einen der vielen Behandlungsräume.

Meine Mutter hält mir die Hand. Die Ärztin schaut mir in den Mund.

Zum Glück muss sie heute nicht bohren. Alle meine Zähne sind gesund.

Ohne Grund bin ich ganz ängstlich gewesen.

6 Ordne die Wörter den richtigen Strategien in der Tabelle zu.

Sandschaufel • Rastplätze • Haar • Handtücher • Einkaufskorb • Käufer
vielleicht • fremd • Plätze • Idee • Läuferin • Kräuter • Märchen • blond
Vater • fängt • Hemdknopf • Montag • Lehrer • Glockenläuten • Frühling

↪	⚡	(M)
Sandschaufel		

1 Markiere in den Merkwörtern die Merkstelle.

Vater   zehn   Uhr   voll   erzählen   viel   Klavier

Fehler   Mai   Belohnung   vier   fahren   Vorspiel   Meer

Bühne   Kaiser   vorher   Lehrerin   Saal   sehr   wahr

2 Setze passende Merkwörter von Aufgabe 1 in den Lückentext ein.

Letzte Woche hatte ich ein *Vorspiel* in meiner Musikschule.

Mein _____ wollte mich _____ und brachte mich

um _____ _____ hin. Der _____ war

schon _____. Meine _____ wartete auf mich, denn sie wollte

mir _____ noch _____ Glück wünschen. Ohne Angst ging ich

zu dem _____ auf der _____. Leider machte ich einen

kleinen _____. Trotzdem bekam ich eine _____.

Darüber freute ich mich _____.

3 Wie findest du die richtige Schreibung: **ä/äu** oder **e/eu**?
Besprich deine Strategie mit deinem Partnerkind.
Schreibe die Wörter auf.

H⚘fte   Tr⚘me   R⚘der   Fr⚘de   Schw⚘ster   B⚘che   B⚘nke

Gl⚘tte   Fr⚘nde   N⚘gel   M⚘se   B⚘le   L⚘chten   P⚘rle

Strategie : *Träume – Traum,* _____

_____

_____

Einzelwörter mit **e/eu**: *Hefte,* _____

_____

Richtig schreiben

4 Sieh dir die Wörter an.
Wie findest du die richtigen Buchstaben am Wortende?
Erkläre deine Strategie an einem Beispiel. Ergänze dann die fehlenden Buchstaben.

Ich _____

Ran*d*___   Luf____   Stif____   Zu____   dursti____   Lan____

Gif____   Bil____   Stran____   har____   lie____   Schrif____

5 Ergänze die Verben mit **ä/äu** oder **e/eu**.
Leite die Wörter vorher im Kopf ab.

l____cheln   fr____en   umr____men   r____nnen   n____hen

z____hlen   w____hlen   tr____men   anf____ern   l____ft

st____ern   dr____hen   vers____men   l____ten   l____sst

6 Für jedes Wort brauchst du mehrere Strategien,
manchmal auch eine Strategie mehrfach.
Schreibe über jedes Wort die passenden Zeichen.
Begründe deine Lösungen deinem Partnerkind.

◯◯   ◯
Erdbeermarmeladengläser

◯ ◯ ◯◯
Sonntagskaffeegäste

◯ ◯ ◯◯◯
Wollhandschuhverkäufer

◯ ◯ ◯
Halbmarathonläufer

◯ ◯ ◯
Seepferdchenschwimmabzeichen

◯◯◯◯
Handfahrradskizze

Wortarten

1 Lies den Text und finde die Nomen. Prüfe dazu:
– Kannst du einen Artikel vor das Wort setzen?
– Kannst du die Mehrzahl bilden?
– Kannst du das Wort mit einem Adjektiv genauer beschreiben?
Schreibe die Nomen in der Einzahl und der Mehrzahl auf.

Jedes Jahr kommt die große Familie zu Omas Geburtstag.

Sie feiert immer wieder gern in ihrem verwilderten Garten.

Am Nachmittag sitzt sie glücklich unter dem blauen Sonnenschirm

an der gemütlichen Kaffeetafel. Jeder bringt etwas mit.

Unser Onkel spielt Gitarre und singt dazu.

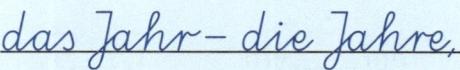

das Jahr – die Jahre,

_____

_____

_____

_____

2 Verben sagen, was jemand tut oder was geschieht.
Finde in dem Text aus Aufgabe 1 die Verben.
Schreibe sie auf und ergänze die Grundform.

kommt – kommen,

_____

_____

3 Mit Adjektiven kannst du Nomen genauer beschreiben.
Finde in dem Text aus Aufgabe 1 die Adjektive.
Schreibe sie auf.

große,

_____

_____

4 Finde zu jedem Adjektiv ein passendes Nomen.

blau • heiß • spitz • hart • schnell • grell • süß • dunkel • kalt

der blaue Himmel, _____

_____

_____

5 Lies den Text und unterstreiche die Nomen blau, die Verben rot und die Adjektive grün.

Heute gewann unsere tolle Mannschaft durch einen Megaschuss.

So laut wie wir jubelte bestimmt noch niemand über einen Sieg.

Mit dem Ball flog Emmas schwarzer Schuh ins Tor.

Alle lachten und kicherten vor Vergnügen.

Unser neuer Trainer grinste, weil wir alle uns so riesig freuten.

Carla sah mich fröhlich an und sagte:

„Das war ja gleich ein doppeltes Tor!"

6 Bilde aus den Verben und Adjektiven Nomen.

Meiner Mutter macht *das Arbeiten* Spaß. (arbeiten)

Ich erkläre meinem Freund _____
an meinem Lieblingsbuch. (spannend)

Lena mag _____ im Sportunterricht nicht. (laufen)

_____ zwischen meinen Zähnen ist Spinat. (grün)

Paul nervt _____ seiner kleinen Schwester. (weinen)

Vorsilben

1 Vorsilben verändern Verben.
Kreuze an, welche Vorsilben zu welchem Verb passen.
Meistens gibt es mehrere Möglichkeiten.

	an-	be-	ein-	ent-	er-	über-	ver-	zu-
schieben	X		X				X	X
legen								
greifen								
halten								
raten								
sammeln								
stehen								
treiben								
ziehen								

2 Wähle ein passendes Verb und setze es in der richtigen Form ein.

Als Hamster wird eine Gruppe kleiner Nagetiere _bezeichnet_ .

aufzeichnen, auszeichnen, bezeichnen

Sie _____ etwa 15 Arten. Alle Arten _____

anfasst, befasst, umfasst   nachsitzen, besitzen, aufsitzen

große Backentaschen, in die sie ihre Vorräte _____.

versammeln, absammeln, einsammeln

Wenn die Backentaschen voll sind, _____

herausragen, hervorragen, überragen

sie sogar oft die Schulterblätter. Beim Goldhamster

lassen volle Backentaschen den Kopf manchmal

doppelt so groß _____.

erscheinen, bescheinen, aufscheinen

3 Finde Nomen mit vorangestellten Wortbausteinen.

einsteigen – *der Einstieg*   einkaufen – _____

besuchen – _____   abbrechen – _____

eintragen – _____   einsetzen – _____

versuchen – _____   abgeben – _____

DU
ICH

4 Schreibe mit den Wörtern Satzpaare. Wie verändert sich die Bedeutung der Sätze durch die Wörter mit Vorsilben? Besprich dich mit deinem Partnerkind.

ordentlich – unordentlich   höflich – unhöflich

sportlich – unsportlich   pünktlich – unpünktlich

Ich bin sehr ordentlich. Mein Bruder ist _____

unordentlich. _____

_____

_____

_____

_____

5 Setze die passenden Vorsilben ein.

Gestern _____suchte ich meine Freundin Lena. Als ihre Mutter die Tür

_____machte, _____reichte ich ihr einen Blumenstrauß. „Das ist ein Dankeschön,

weil ich hier _____nachten darf", sagte ich. Ich _____trat Lenas Zimmer. Sie rief:

„Ich muss noch _____räumen. Hilfst du mir? Wenn wir beide _____packen,

geht es schneller." Ich nickte. Unter einer Hose auf dem Boden _____deckte ich

eine Halskette. Lena rief: „Super, die habe ich schon _____misst!"

Mehrfach zusammengesetzte Wörter

1 Finde möglichst viele Wörter zum Wortstamm **FREUND**.
Die Vorsilben und die Nachsilben helfen dir.
Schreibe die Wörter nach Wortart auf.
Vergleiche deine Lösungen mit deinem Partnerkind.

be-	un-
an-	ge-

FREUND

-lich	-weise	
-es	-er	-e
-en	-et	-in

Nomen	Verben	Adjektive
	anfreunden	

2 Zerlege die Wörter in ihre Wortbausteine.

unglücklich • aufstehen • einsichtig • unvorhersehbar • verstecken • unaufmerksam

un-glück-lich,

3 Schreibe Sätze mit Wörtern aus den Aufgaben 1 und 2.

Sprache untersuchen

4 Schreibe die Wörter ab. Unterstreiche die Wortbausteine farbig:
Vorsilbe, Wortstamm und Nachsilbe.
Welche Besonderheit haben drei der Wörter? Besprich dich mit deinem Partnerkind.

versprechen • unabsichtlich • verbessern • zufrieden • unvergesslich • unbemerkt

_____

_____

5 Ergänze in den Sätzen Wörter aus Aufgabe 4.

Gestern habe ich _____ ein Glas umgestoßen.

Wir _____, dass wir heute Mittag beim Kochen helfen.

Ich bin mit dem Ergebnis meines Tests _____.

_____ hat sich der Fuchs im Wald versteckt.

Beim Judo möchte Tim sich noch _____.

Der Tag im Zoo war _____ schön.

6 Finde zu den Wortstämmen mehrfach zusammengesetzte Wörter.
Verwende die Wörter in Sätzen. Markiere die Wörter.

SCHREIB • GLÜCK • KAUF/KÄUF

Gestern habe ich einen unbeschreiblich
guten Film gesehen.

_____

_____

_____

Gegenwart, Vergangenheit, Zukunft

1 Lies die Sätze. Schreibe die Sätze in der 1. Vergangenheit oder
in der 2. Vergangenheit. Vergleiche deine Lösungen mit deinem Partnerkind.

📖 Jasmin träumt von einem Waveboard.

💬 Wir bespritzen uns im Sommer mit Wasser.

📖 Im Restaurant bekommt Max ein Kindermenü.

💬 Mit meinem Onkel zelte ich am Wochenende.

_____

_____

_____

_____

2 Gegenwart oder Zukunft? Setze die Verben passend ein.

besuchen • treffen • fliegen

Jasmin _besucht_ ihren Onkel in Asien.

Im nächsten Sommer _wird_ ihr Onkel

Jasmin in Deutschland _besuchen_ .

Jetzt _____ ich mich mit Papa zum Eisessen.

Morgen _____ ich mich mit Lara

zum Skateboardfahren _____.

Heute _____ ich mit meinen Eltern

nach Paris. Nächstes Jahr _____

wir nach Amerika _____.

Sprache untersuchen

3 Ergänze die Verben in der richtigen Zeitform.

> fliegen • wohnen • abholen • bringen • schlafen gehen • treffen • geben
> überreichen • sein • freuen • gehen • besuchen • freuen

In den Sommerferien _____ ich mit meinem Papa nach Asien.

Dort _____ mein Onkel, seine Frau und meine Cousinen und Cousins.

Mein Onkel _____ uns am Flughafen _____ und _____ uns in sein Haus.

Nach einem leckeren Essen _____ wir _____.

Am nächsten Morgen _____ wir uns schon wieder zum Essen.

Es _____ Reissuppe, ein typisch asiatisches Frühstück.

Danach _____ ich mein Mitbringsel.

Es _____ eine große Dose mit Schokolade und

Gummibärchen. Meine Cousinen und Cousins _____ sich

sehr darüber. Leider _____ die Ferien viel zu schnell vorbei.

Aber im nächsten Sommer _____ mein Onkel und seine Familie uns

_____. Darauf _____ ich mich sehr.

4 Ergänze die Formen von **sein**.

	Gegenwart	1. Vergangenheit	Zukunft
ich	*bin*	*war*	*werde sein*
du			
er, sie, es			

Mit Adjektiven vergleichen

1 Ergänze in der Tabelle die fehlenden Formen.

Grundform	1. Vergleichsstufe	2. Vergleichsstufe
früh	früher	am frühesten
	enger	
		am weichsten
breit		
		am lautesten
müde		
	länger	
spät		

2 Setze die Grundstufe und die Vergleichsstufen ein.

klein

Die Katze ist _____.

Das Meerschweinchen ist _____.

Der Hamster ist _____.

schnell

Der Eisbär ist _____.

Das Zebra ist _____.

Der Löwe ist _____.

Sprache untersuchen

3 Schreibe Vergleiche.

Ein Baum _ist höher als_ ein Busch. (hoch)

Der Bus _____ der Zug. (langsam)

Eine Schlucht _____ ein Graben. (tief)

Stahl _____ Holz. (hart)

Federn _____ Kastanien. (leicht)

Der Teppich _____ die Fliesen. (weich)

Ein Hubschrauber _____ ein Fahrrad. (laut)

Die Sonne _____ der Mond. (hell)

Obst _____ Eis. (gesund)

4 Fülle die Lücken im Text mit Vergleichsstufen.

Von allen Ferien sind die Sommerferien _die längsten_.

Frederik schreit in der Turnhalle immer _____.

Ein Fußballspiel dauert _____ eine Schulstunde.

Beim Schwimmen ist Carla immer _____.

5 Schreibe zu den Bildern Sätze mit Vergleichsstufen von Adjektiven.

Eine Ameise ist _____

_____

_____

_____

Die vier Fälle des Nomens

1 Schreibe den Text ab.
Ergänze dabei die passenden Fälle der Nomen **Giraffe** und **Löwe**.

die Giraffe	der Giraffe	der Giraffe	die Giraffe
der Löwe	des Löwen	dem Löwen	den Löwen

_____ ist ein Säugetier und kann bis zu sechs Meter hoch

werden. Damit ist sie das höchste lebende Tier an Land.

Der Hals _____ ist außergewöhnlich lang.

Manchmal greift _____ _____ an,

aber nur, wenn sie noch ein Jungtier ist. _____ sind die Tritte

_____, mit denen sie sich verteidigt, zu gefährlich.

Junge und kranke Giraffen müssen _____ jedoch fürchten.

Sie sind nicht so stark und können den Angriff _____

nicht gut abwehren. _____ bleibt dann nur noch die Flucht,

um sich in Sicherheit zu bringen.

2 Der Regelkasten ist durcheinandergeraten.
Unterstreiche zusammengehörige Teile in der gleichen Farbe.

3. Fall	der Hund	Wem?
2. Fall	dem Hund	Wer oder was?
4. Fall	des Hundes	Wen oder was?
1. Fall	den Hund	Wessen?

3 Schreibe zu jedem Fall aus Aufgabe 2 einen Satz in dein Heft.

Sprache untersuchen

4 Ergänze passende Nomen mit Artikel im richtigen Fall.

> Giraffe • Giraffen-Poster • Hammer • Nagel
> Basketball • Sportrollstuhl • Technik
> Kartoffel • Paprika • Opa

Laras Lieblingstier ist *die Giraffe*.

Sie möchte _____

in ihrem Zimmer aufhängen.

Sie holt _____.

Bald ist der Kopf _____ ganz krumm.

_____ ist Max' Lieblingsspielzeug.

Zum Spielen braucht er _____.

Max trainiert jede Woche _____.

Paul kocht Suppe. Dazu schält er _____.

_____ muss erst gewaschen werden.

Die Kerne _____ wirft Paul in den Müll.

Den ersten Teller mit Suppe bringt er _____.

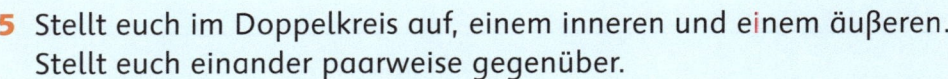

5 Stellt euch im Doppelkreis auf, einem inneren und einem äußeren.
Stellt euch einander paarweise gegenüber.

Das Kind im Innenkreis nennt ein Nomen.
Das Partnerkind nennt die vier Fälle des Nomens.
Danach rücken die Kinder im Innenkreis einen Platz weiter.
Nun nennt das Kind im Außenkreis ein Nomen.

Prädikat und Subjekt

1 Wähle das passende Prädikat.
Setze es in der richtigen Verbform ein.

üben • fallen • besitzen • trainieren • haben • brauchen • zeigen

Hannes _besitzt_ ein Skateboard. Er _____ noch neue Schützer.

Das Fahren _____ er mit Mesut.

Mesuts Bruder Ali _____ seine Tricks.

Hannes und Mesut _____ eifrig.

Die Jungen _____ viel Spaß.

Abends _____ die Jungen müde ins Bett.

2 Verwandle die Sätze aus Aufgabe 1 in Fragen.

Besitzt Hannes _____

_____

_____

_____

_____

_____

_____

_____

3 Wo steht in den Aussagesätzen von Aufgabe 1 und in den Fragesätzen
von Aufgabe 2 immer das Prädikat?
Besprich dich mit deinem Partnerkind.

4 Wähle das passende Subjekt und setze es ein.

die Halfpipe • er • seine Schützer • Hannes • die drei Jungen • sein Skateboard

Heute war _Hannes_ zum ersten Mal mit Mesut und Ali skaten.

Beim Bremsen ist _____ oft hingefallen. Zum Glück sind _____ gut.

Auch _____ ist super. Wenn _____ gut

trainieren, können sie bald die Minirampe ausprobieren.

_____ bleibt noch lange ihr Traum.

5 Was tun Pia und Fritz? Schreibe Sätze.
Denke an den Punkt am Satzende.
Unterstreiche in jedem Satz das Subjekt blau und das Prädikat rot.

Pia • Fritz • sucht • entdeckt • bastelt • das Skateboard • die Bastelschere
das Geschenk • eine Flaschenpost • einen Traumfänger • ein Armband

_____

_____

_____

_____

6 Ergänze die zweiteiligen Prädikate in den Sätzen.

Neben dem Spielplatz _____ Arbeiter eine Halfpipe _____. (aufbauen)

Viele Kinder _____ gespannt _____. (zuschauen)

Carl _____ Leon _____: (zuflüstern) „Wenn alles fertig ist,

_____ ich die hohen Sprünge _____." (ausprobieren) Leon sagt:

„Ich _____ vorher noch die Rollen an meinem Board _____." (austauschen)

Satzergänzungen

1 Unterstreiche in den Sätzen die <u>Prädikate</u> rot, die <u>Subjekte</u> blau und die <u>Satzergänzungen</u> grün.

Tim besitzt ein Aquarium.

Leon mag den Krebs.

Der Krebs begegnet einem Goldfisch.

Der Goldfisch gehört der Schwester.

Peter begleitet das Mädchen.

Die Kinder treffen einen Hund.

Das Leckerli schmeckt dem Hund.

2 Betrachte die Prädikate in Aufgabe 1 noch einmal genau.
Ergänze dann die Merksätze. Vergleiche deine Lösung mit deinem Partnerkind.

Verben wie *besitzen*, _____, _____,

oder _____ fordern in der Einzahl eine Satzergänzung im 4. Fall

mit **ein, eine, einen, die, den** oder **das**.

Verben wie *begegnen* ____, _____ oder _____

fordern in der Einzahl eine Satzergänzung im 3. Fall mit **einem**, **einer**, **der** oder **dem**.

3 Finde für die Sätze die passende Satzergänzung in der Mehrzahl.
Wenn du unsicher bist, frage nach den Satzergänzungen mit **Wen** oder **Was?** oder
mit **Wem?** Vergleiche deine Lösung mit deinem Partnerkind.

Max trifft ⟶ die Basketballspieler/den Basketballspielern

Der Kuchen schmeckt ⟶ den Kindern/die Kinder

_____

_____

4 Beantworte die Fragen. Unterstreiche die Satzergänzung im 3. Fall hellgrün und die Satzergänzung im 4. Fall dunkelgrün.

Frank erklärt dem Mann den Weg.

Wem erklärt Frank den Weg? _____

Wen oder was erklärt Frank? _____

5 Finde passende Satzergänzungen zu den Satzanfängen. Unterstreiche die Satzergänzungen im 3. Fall hellgrün und die Satzergänzungen im 4. Fall dunkelgrün.

der Tante • Carla	ein Sammelbild • das Foto
den Schülern • dem Freund	die Hefte • ein Eis

Carl schenkt *dem Freund ein Sammelbild.*

Papa verspricht _____

Lea mailt _____

Die Lehrerin gibt _____

6 Wähle Verben. Schreibe Sätze, in denen Satzergänzungen im 3. Fall und 4. Fall vorkommen.

geben • gefallen • bringen • kaufen • gratulieren

_____

_____

_____

_____

_____

_____

Sprache untersuchen   39

Ortsangaben und Zeitangaben

1 Frage nach den Ortsangaben.
Unterstreiche sie orange.

Wir gehen <u>auf den Jahrmarkt</u>.

An einer Bude kaufe ich Zuckerwatte.

Lara und Mia kommen gerade vom Riesenrad.

Paul möchte als Nächstes zum Autoscooter gehen.

Dafür kaufen wir Chips an einem Verkaufsstand.

2 Frage nach den Zeitangaben.
Unterstreiche sie lila.

<u>Zehn Minuten später</u> treffen wir andere Kinder.

Sie sind schon seit 15 Uhr auf dem Jahrmakt.

An der Achterbahn mussten sie 15 Minuten anstehen.

Sie wollen jetzt erst einmal etwas essen und trinken.

Seit einer Stunde knurrt ihnen schon der Magen.

3 Ergänze passende Ortsangaben und Zeitangaben.

seit fünf Jahren   eine Stunde später   zu dem Süßigkeitenstand

von der Schießbude   10 Minuten   zur Wasserbahn   danach

<u>*Eine Stunde später*</u> treffen wir Max und Jasmin.

Sie kommen gerade _____.

Max hat das Spiel _____ nicht mehr gespielt.

Jasmin möchte _____ gehen und gebrannte

Mandeln kaufen. _____ schieben wir uns _____

durch die Menschenmenge _____.

4 Schreibe die passenden Fragewörter über die Ortsangaben und Zeitangaben.

Wann?

Lisa machte in den Ferien mit ihren Eltern eine Radtour.

_____

Seit einer Woche freute sie sich schon darauf.

_____

In der Küche packten Lisa und ihre Mutter den Proviant ein. Sie legten alles

_____ _____   _____

in einen Korb. Am Vormittag radelten sie los. Sie waren eine Stunde unterwegs,

_____   _____

als Lisa und ihre Eltern in den Seeweg abbogen. Auf einer Wiese machten sie

_____   _____   _____

am Mittag ein Picknick. Nach sechs Stunden kamen sie vom See zurück.

5 Schreibe eine Geschichte zu dem Bild. Verwende Ortsangaben und Zeitangaben.

_____

_____

_____

_____

_____

Bindewörter verwenden

1 Verbinde jeweils zwei Satzteile mit einem passenden Bindewort.
Schreibe die Sätze auf.
Markiere das Komma und unterstreiche das Bindewort.

Wir spielen oft auf dem großen Spielplatz,	weil	es dort eine Rolli-Schaukel gibt.
Heute treffen wir uns wieder dort,	als	wir viele Hausaufgaben aufhaben.
Die Sonne scheint genau in dem Moment,	obwohl	wir am Spielplatz ankommen.
Um 18 Uhr wollen wir nach Hause gehen,	da	unsere Eltern mit dem Essen warten.

Wir spielen oft auf dem großen Spielplatz, weil _____

_____

_____

_____

_____

_____

_____

2 Markiere in beiden Sätzen das Bindewort und das Prädikat im zweiten Satzteil.
Was fällt dir auf? Ergänze die Lückensätze.

Ich bin fröhlich, weil Peter mich gleich besucht.
Ich bin fröhlich, denn Peter besucht mich gleich.

In dem Satzteil mit **weil** steht das Prädikat _____.

In dem Satzteil mit **denn** steht das Prädikat _____.

3 Wähle jeweils ein passendes Bindewort und schreibe die Sätze auf.

Lisa ist zu spät gekommen,

| denn |
| obwohl |
| weil |

sie getrödelt hat.

Lisa ist zu spät gekommen, _____

Paul hat draußen gespielt,

| denn |
| dass |
| bevor |

er seine Hausaufgaben fertig hatte.

_____

Lara geht zum Ohrenarzt,

| nachdem |
| weil |
| obwohl |

er ihr Hörgerät testen will.

_____

Jasmin ist noch nicht müde,

| da |
| obwohl |
| nachdem |

es schon spät ist.

_____

4 Verbinde die Sätze mit dem Bindewort **dass**. Schreibe sie auf. Markiere jeweils das Komma und unterstreiche das Bindewort.

Seine Oma kommt zu Besuch. Paul weiß es.

Paul weiß, dass _____

Die Ferien haben begonnen. Peter ist froh.

_____

Sie möchte im Urlaub genug Zeit zum Lesen haben. Ayshe hofft es.

_____

Wörtliche Rede und Redebegleitsätze

1 Ergänze die passenden wörtlichen Reden und Redebegleitsätze.

> „Zu denen bin ich leider nicht mehr gekommen."
> „Nur eine einzige." • „Und wie viele hast du falsch?"
> „Wie viele Aufgaben waren es denn?"

antwortet Felix
ruft der Vater

Felix kommt nach Hause. Sein Vater fragt ihn:

„Na, wie war die Klassenarbeit? _Wie viele_
Aufgaben waren es denn?"

„Nur zehn", _____.

_____, will der Vater wissen.

Felix erwidert: _____

„Das ist ja super!", _____. „Und wie ging's mit den anderen neun?"

_____

_____, meint Felix.

2 Unterstreiche die Redebegleitsätze in Aufgabe 1 blau.

3 Verbinde die Bilder mit den passenden wörtlichen Reden.

„O Mann, jetzt habe ich meine Turnschuhe
nicht eingepackt", sagte Pia verärgert.

Lukas ruft: „Das Lied ist super!"

„Schokolade ist meine Lieblingssorte",
schwärmt Nele.

4 Finde passende Redebegleitsätze. Schreibe sie hinter die wörtlichen Reden.

„Was ist passiert? Hast du dich verletzt?", *fragt der Trainer* .

„Demnächst musst du besser aufpassen!", _____

_____ .

„Es tut so weh! Mach doch endlich etwas!", _____

_____ .

„Lass mich mal durch, ich habe ein Pflaster", _____

_____ .

5 Finde zu den wörtlichen Reden passende Redebegleitsätze und schreibe die Sätze auf.
Die Redebegleitsätze können vor oder hinter der wörtlichen Rede stehen.

Minka, wo bist du?

Komm, Miez, Miez, Miez!

Da hast du dir aber ein gutes Versteck gesucht.

_____

_____

_____

_____

_____

Werbewörter und Werbesprüche

1 Verbinde die Adjektive aus der Werbung mit passenden Produkten.

strapazierfähig	Pizza
stabil	Buch
preiswert	Fahrradhelm
kuschelweich	Sofa
topmodern	Joghurt
bequem	Pulli
lecker	Smartphone
multifunktional	Jeans
spannend	Tablet-PC

2 Finde zu diesen Adjektiven passende Produkte.
Vergleiche deine Ideen mit deinem Partnerkind.

fangfrisch   brandneu   knackig   knusprig   sensationell

zart   duftig   aktuell   pflegeleicht   interessant

fangfrische Fische,

_____

_____

_____

_____

_____

Sprache untersuchen

3 Setze die Werbesprüche richtig zusammen. Ergänze die Reimwörter.

Mit Wolle von Rita Müller	viele tolle Ange_____!
Wie immer gibt es heut' bei Schrohte	mit Vogels Gurken aus dem _____!
Willst du auch 'ne Superschrift,	wird deine Mütze ein echter _____!
Jede Menge Gurkenspaß	kauf den neuen Hucki-_____!

Mit Wolle von Rita Müller _____

_____

_____

_____

_____

_____

4 Wähle ein Produkt oder eine Organisation. Erfinde selbst Werbesprüche dafür.

Schwimmverein   Sportrollstuhl   Naturschutzjugend (NAJU)   Kinderzeitschrift

_____

_____

_____

_____

5 Welche Adjektive oder englischen Wörter habt ihr für eure Werbesprüche gewählt?
Unterscheiden sie sich von anderen Werbesprüchen? Sprecht in eurer Gruppe darüber.

Redewendungen

1 Was ist gemeint? Besprich dich mit deinem Partnerkind.
Verbinde dann die Redewendung mit der übertragenen Bedeutung.

sich aus dem Staub machen	bei jemandem beliebt sein
bei jemandem einen Stein im Brett haben	nicht aufgeben
aus der Haut fahren	davonlaufen, schnell verschwinden
am Ball bleiben	tapfer sein, sich beherrschen
sich den Kopf zerbrechen	sehr wütend werden
die Zähne zusammenbeißen	angestrengt nachdenken
etwas ausbaden müssen	durcheinanderkommen
irgendwo sieht es aus wie Kraut und Rüben	unschuldig für etwas bestraft werden
den Faden verlieren	ununterbrochen reden
ohne Punkt und Komma reden	irgendwo ist große Unordnung

2 Was ist mit den Redewendungen gemeint? Schreibe passende Erklärungen.

Natürlich gehe ich auch bei Regen zum Fußballtraining. Ich bin doch nicht aus Zucker!

Der Mann mit Hut schleicht schon länger vor dem Bankgebäude herum. Hoffentlich führt er nichts im Schilde.

Schütt mir bloß das Kraut nicht aus und mach endlich deine Hausaufgaben!

G **3** Betrachtet die Bilder genau. Welche Redewendung ist gemeint?
Besprecht euch in eurer Gruppe. Schreibt die Redewendung
mit passender Erklärung daneben.

_____

_____

_____

_____

_____

_____

4 Finde die passende englische Redewendung. Ordne zu und erkläre.

She lets the cat out of the bag.   He turns a blind eye.   It's a thorn in my eye.

Er wendet sein blindes Auge nach vorn. ◆ Er möchte etwas nicht sehen/wahrhaben.

 _____

Es ist mir ein Dorn im Auge. ◆ Es ist mir lästig/verhasst.

 _____

Sie lässt die Katze aus dem Sack. ◆ Sie verrät ein Geheimnis.

 _____

Eine Bastelanleitung schreiben

1 Sieh dir die Bilder an. So wird eine Nuss-Schildkröte gebastelt.

  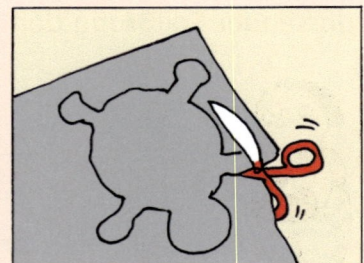

2 Vervollständige die Bastelanleitung für eine Nuss-Schildkröte.

Bastelanleitung für eine Nuss-Schildkröte

Material: *eine halbe Walnussschale,* _____

_____

Als Erstes lege ich _____ auf _____.

Ich zeichne mit _____ um _____ herum.

Anschließend male ich der Schildkröte einen _____ und vier _____.

Nun schneide ich mit _____ die Schildkrötenform aus.

Danach trage ich auf den unteren Rand der Nussschale _____ auf.

Dann klebe ich _____ auf die ausgeschnittene _____.

_____ male ich der Schildkröte mit _____

ein fröhliches _____. Schon ist meine Nuss-Schildkröte fertig.

3 Sieh dir die Bilder mit der Bastelanleitung für eine Nuss-Maus an.
Nummeriere die Arbeitsschritte in der richtigen Reihenfolge.

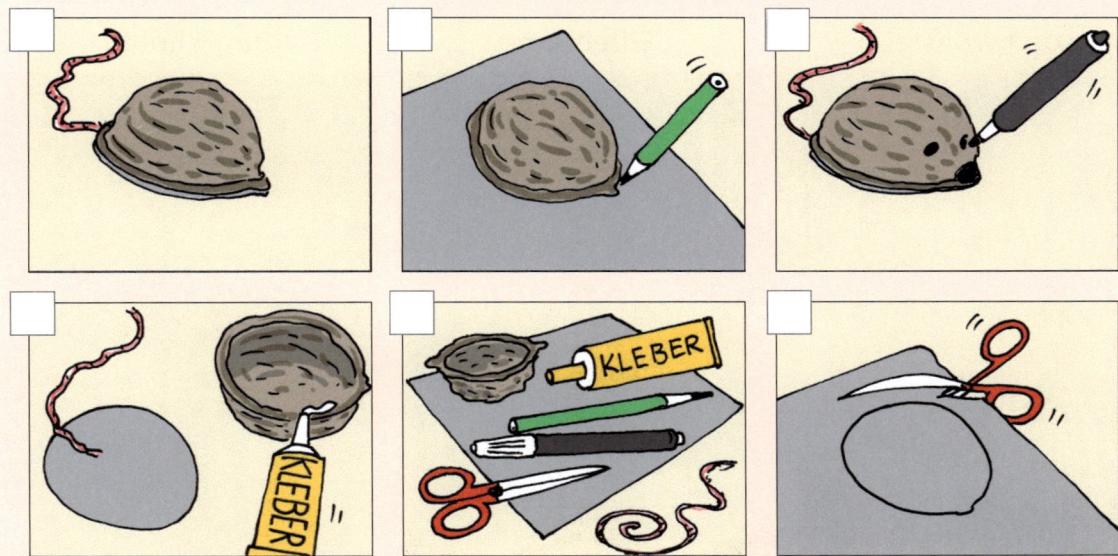

4 Schreibe eine Bastelanleitung für die Nuss-Maus.
Welches Material benötigst du? Welche Schritte musst du ausführen?

Bastelanleitung für eine Nuss-Maus

Ein Bauwerk beschreiben

1 Betrachte die Bilder. Informiere dich im Internet über die Bauwerke.
Lies dann die Beschreibungen. Kreuze nur die richtigen Aussagen an.

Neuschwanstein	Eiffelturm	Burj Khalifa

Neuschwanstein

(X) Das Schloss liegt auf zerklüfteten Felsen im Allgäuer Alpenvorland.

◯ Es wurde für König Ludwig II. gebaut.

◯ Die Außenwände sind aus Gold.

◯ Zahlreiche Türme und Zinnen zieren die Schlossfassade.

◯ Mit seinen Erkern und Türmen sieht das Schloss wie eine alte Ritterburg aus.

Eiffelturm

◯ Der Eiffelturm ist das Wahrzeichen der Stadt Paris.

◯ Er steht mitten in einem dichten Wald.

◯ Das Stahlgerüst besteht aus Dreiecken, Vierecken und Rundbogen. Das wird auch Fachwerkbau genannt.

◯ Der Eiffelturm hat drei Besucherplattformen.

◯ Auf der Spitze ist ein Sendemast für Radiosender und Fernsehsender.

Burj Khalifa

◯ Der Burj Khalifa steht in den Vereinigten Arabischen Emiraten in der Stadt Dubai.

◯ Er ist das einzige Bauwerk in einem Umkreis von einem Kilometer.

◯ Er besteht aus mehreren, versetzt stehenden Säulen.

◯ Dieser Wolkenkratzer wird nach oben hin immer schmaler.

◯ Die Fassade besteht aus Glas und Aluminium. Daher glänzt sie in der Sonne.

2 In jeder Beschreibung ist eine Information, die du nicht im Bild sehen kannst.
Markiere diesen Satz.

3 Die Freiheitsstatue ist das Wahrzeichen von New York. Beschreibe das Bauwerk mit Hilfe der Stichworte.

Frauenfigur   Fackel   Insel   Hafen von New York

aus Kupfer   46 Meter hoch   siebenstrahlige Krone

Tafel mit dem Datum der Unabhängigkeitserklärung

Die Freiheitsstatue von New York

ist _____

_____

_____

_____

_____

_____

_____

_____

_____

4 Kreuze nur die Sätze an, die zu der Beschreibung eines Bauwerks gehören.

◯ Das Gebäude lässt mir Schauer über den Rücken laufen.

◯ Die Brücke steht auf sechs Pfeilern.

◯ Es war einmal ein geheimnisvolles Schloss, ...

◯ Die Kirchturmkugel hat einen Durchmesser von einem Meter.

◯ Das Haus hat 90 Stockwerke.

◯ Ich bin gespannt, ob es nicht bald ein höheres Gebäude gibt.

◯ Mann, das Bauwerk hat eine spannende Geschichte!

◯ Die Türme laufen nach oben spitz zu.

Einen Vorgang beschreiben

1 Nummeriere die Schritte vom Samenkauf bis zur Blüte in der richtigen Reihenfolge.

☐ Blüten öffnen sich

1 Samen und Erde kaufen

☐ regelmäßig gießen

☐ Löcher in die Erde stechen

☐ erste Pflanzenkeime erscheinen

☐ Blütenknospen entwickeln sich

☐ Samenkörner in die Erde stecken

☐ Blumen wachsen

☐ Erde in Blumenkasten füllen

2 Schreibe in ganzen Sätzen, wie eine Balkonblume entsteht. Achte auf unterschiedliche Satzanfänge.

Zuerst …
Danach …
Anschließend …
Zum Schluss …

Zuerst kaufe ich Samen und Erde.

3 Stelle dir das Zähneputzen Schritt für Schritt vor.
Markiere die Stelle, an der ein Schritt fehlt: ✳
Schreibe den passenden Satz unten auf.

Zuerst fülle ich einen Zahnputzbecher voll Wasser.

Dann tauche ich die Zahnbürste hinein.

Ich gebe Zahnpasta auf die Bürste.

Ich spüle den Mund aus.

Jetzt spüle ich die Zahnbürste ab.

Zuletzt gieße ich den Becher mit Wasser aus.

✳ *Ich* _____

_____

4 Wie bereitest du dein Lieblingsgericht zu? Beschreibe den Vorgang Schritt für Schritt.
Denke an unterschiedliche Satzanfänge.

_____

_____

_____

_____

_____

_____

_____

5 Lies das Rezept deinem Partnerkind vor. Ist alles verständlich?

Von Ereignissen berichten

1 Sortiere die Ereignisse. Schreibe hinter jede Frage die passende Antwort.

- Goldschmied Johannes Gutenberg
- erfand ein Drucksystem, mit dem man Bücher schneller vervielfältigen und verbreiten konnte
- Mainz (Deutschland)
- Mitte des 15. Jahrhunderts

- Ingenieur Erich Böhm und Elektrotechniker Karlheinz Brandenburg
- Schwarzenfeld (Deutschland)
- erfanden den MP3-Player, der schnellen Zugriff auf eine große Menge an Audiodateien ermöglicht
- 1995

Wann? *Mitte des 15. Jahrhunderts*

Wo? _____

Wer? _____

Was? _____

_____

_____

Wann? _____

Wo? _____

Wer? _____

_____

Was? _____

_____

_____

2 In Berichten wird oft auch die Frage nach der Folge von Ereignissen beantwortet. Was war die Folge der beiden Erfindungen? Diskutiere mit deinem Partnerkind.

3 Schreibe einen Bericht über die Erfindung des MP3-Players.
Beantworte dabei die W-Fragen in einer sinnvollen Reihenfolge.
Beachte auch die zusätzlichen Informationen.

leichter und kleiner als Walkman   vorher: Walkman mit Kassette

jedes Smartphone kann MP3-Dateien abspielen   passt in jede Jackentasche

_____

_____

_____

_____

_____

_____

_____

_____

4 Notiere neben den Sätzen, auf welche der vier W-Fragen
sie nicht antworten: Wann? Wo? Wer? Was?

Im Jahr 1492 wurde im Meer westlich
von Europa Amerika entdeckt.   _____

Neil Armstrong betrat als erster
Mensch die Mondoberfläche.   _____

5 Informiere dich zu den fehlenden Fragen im Internet.

Über ein Erlebnis schreiben

1 Lies den Text. Überlege mit deinem Partnerkind:
Wie kann der Text lebendiger werden?

Es war ein <mark>Frühlingstag</mark>. Mia und Linus gossen

die Blumen im Garten mit dem Wasserschlauch.

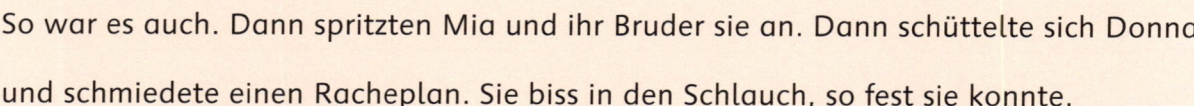

Dackeldame Donna war auch dort.

Donna dachte: „Mir schwant nichts Gutes!"

So war es auch. Dann spritzten Mia und ihr Bruder sie an. Dann schüttelte sich Donna

und schmiedete einen Racheplan. Sie biss in den Schlauch, so fest sie konnte.

2 Adjektive machen einen Text lebendiger.
Zu welchem Nomen im Text passt welches der folgenden Adjektive am besten?
Markiere Nomen und Adjektive in derselben Farbe.

duftend   toll   <mark>schön</mark>   grün   gemein   groß

3 Wo würdest du die wörtliche Rede einsetzen?
Schreibe die Nummer an die passende Stelle im Text.

1. „Dem Hund ist bestimmt warm, Mia", sagte Linus und lachte.
2. „Schau mal, wie nass sie ist!", rief Mia belustigt.
3. Linus schrie entsetzt: „Sie macht bestimmt den Schlauch kaputt!"

4 Finde für diese beiden Sätze
abwechslungsreichere Satzanfänge.

| Plötzlich |
| Auf einmal |
| Sofort |
| Im nächsten Moment |

Dann spritzten Mia und ihr Bruder sie an.

_____

Dann schüttelte sich Donna und schmiedete einen Racheplan.

_____

_____

5 Schreibe die Geschichte überarbeitet auf.

Es war ein schöner Frühlingstag.

_____

_____

_____

_____

_____

_____

_____

_____

6 Finde einen lebendigen Ausgang für die Geschichte.
Verwende wörtliche Rede und Adjektive.

_____

_____

_____

_____

_____

_____

_____

_____

Einen argumentierenden Text schreiben

1 Es geht um die Erneuerung des Schulhofes.
Welche der folgenden Argumente sprechen dafür? Markiere sie farbig.

bisher nur wenige Spielgeräte	der nächste Supermarkt ist nah	viele Spielgeräte sind kaputt
neue Spielgeräte bringen mehr Abwechslung	der Straßenlärm ist sehr laut	die Kosten für die Schule bleiben gering

2 Schreibe die Argumente aus Aufgabe 1
für die Schulhoferneuerung zu den passenden Beispielen.

_____

_____

Es ist gefährlich, auf den Spielgeräten zu spielen, weil sie morsch und verrostet sind.

_____

_____

_____

Das Geld vom letzten Schulfest kann für neue Geräte verwendet werden.

_____

_____

Man muss lange anstehen, weil viele Kinder auf die wenigen Geräte wollen.

_____

_____

Die Kinder sind lange in der Schule und haben deshalb Abwechslung in den Pausen nötig.

3 Deine Klasse setzt sich für die Erneuerung des Schulhofes ein.
Schreibe einen Brief an die Schulleiterin:
– Schreibe den wichtigsten Grund zuletzt.
– Benutze unterschiedliche Satzanfänge.
– Mache deine Argumente mit Beispielen anschaulich.
– Bleibe höflich und sachlich.

_____

_____

_____

_____

_____

_____

_____

4 Sollen Tiere im Zoo leben oder nicht?
Überlege dir deine Meinung.
Schreibe dazu Argumente
und Beispiele in einer Mind-Map auf.

Tiere leben nicht wie in freier Wildbahn

durch Zuchtprogramme werden vom
Aussterben bedrohte Tiere gerettet

...

_____

_____

_____

_____

5 Finde ein Partnerkind mit einer anderen Meinung.
Argumentiert. Belegt eure Argumente mit Beispielen.

DU
ICH

Adressatenbezogen schreiben

1 Hier sind zwei Briefe durcheinandergeraten. Unterstreiche die Sätze
für die Jugendherberge grün und die Sätze für Lucas rot.

Sehr geehrte Leitung der Jugendherberge Hohenfels,

Lieber Lucas,

wir, die Klasse 4b, planen unsere Abschlussfahrt.

Erinnerst du dich noch an mich?

Wir haben in den letzten Sommerferien

im selben Ferienhaus gewohnt.

Wir haben gehört, dass es bei Ihnen sehr schön sein soll.

Damals hattest du so ein tolles Buch dabei.

Bitte teilen Sie uns mit, ob Sie in den Monaten Mai oder

Juni noch Platz für 24 Schüler und zwei Lehrer haben.

Es hieß „Mit der Becherlupe unterwegs" oder so ähnlich.

Schreib mir doch bitte den genauen Titel und den Verlag.

Außerdem wären wir sehr dankbar, wenn Sie uns Infomaterial

über Ihr Haus und die Umgebung schicken könnten.

Liebe Grüße, dein Tim

Mit freundlichen Grüßen, Klasse 4b

2 Schreibe den Brief an Lucas auf.

3 Was musst du für unterschiedliche Empfänger beachten?
Verbinde. Manches passt für mehrere Empfänger.

Leser der Schülerzeitung	Höflichkeitsanrede	Cousin oder Cousine
	mit du anreden	
	sachlich berichten	
Lehrerin oder Lehrer	spannend schreiben	Gemeinderat oder Bürgermeister
	locker und cool klingen	
	unterhaltsam erzählen	Bruder oder Schwester
Oma und Opa	Anrede großschreiben	

4 Was sind Beduinen? Informiere dich im Internet.
Schreibe einen kurzen Lexikoneintrag und eine Erklärung für dein Partnerkind.

Lexikon: *Beduinen (arab. „Wüstenbewohner")*

_____

_____

Partnerkind: _____

_____

_____

_____

_____

_____

Aufforderungen und Bitten formulieren

1 Kreuze jeweils die höflichen Bitten an.

[X] Bitte, mach mal Platz!

[ ] Würdest du bitte mal Platz machen?

[ ] Mach mal Platz!

[ ] Kann ich bitte mal die Karte haben?

[ ] Gib mir die Karte!

[ ] Bitte, gib mir mal die Karte!

[ ] Ich will einen Termin.

[ ] Kann ich bitte einen Termin vereinbaren?

[ ] Ich möchte bitte einen Termin haben.

[ ] Lässt du mich bitte mitmachen?

[ ] Ich will mitmachen!

[ ] Bitte, darf ich mitmachen?

2 Schreibe zu den Bildern sachliche Aufforderungen.

_____

_____

_____

3 Schreibe zu jedem Satz eine sehr höflich formulierte Bitte.
Benutze dabei **würde** oder **könnte**.

Holst du mich um drei Uhr ab?

Könntest du mich bitte um drei Uhr abholen?

Du setzt dich neben mich.

_____

Hilfst du mir mal bei den Aufgaben?

_____

Komm, beeil dich!

_____

Denk an das Geschenk!

_____

Wiederholst du das noch mal?

_____

4 Bitte deine Nachbarn möglichst höflich, sich um dein Haustier zu kümmern.
Schreibe genau auf, was sie tun sollen.

Liebe Nachbarn, _____

_____

_____

_____

_____

_____

Diagramme verstehen

1 Übertrage die Ergebnisse der Umfrage in ein Balkendiagramm.
Fülle für jedes Kind und jedes Gericht ein Kästchen aus.

Natalie erzählt: „In der Klasse haben wir über das Thema
Ernährung gesprochen. Es gibt viele Lieblingsessen,
die zwar nicht immer gesund sind, aber super schmecken.
Neun Kinder unserer Klasse essen am liebsten Pfannkuchen.
Pizza wurde siebenmal als Lieblingsessen genannt.
Wir waren überrascht, dass Hamburger und Spaghetti nur
von je zwei Kindern gewählt wurden. Fünf Kinder essen
am liebsten Eis. Vier Kinder bevorzugen Kuchen oder Muffins.
Salat und Obst sind zwar sehr gesund, aber niemand
nannte sie als Lieblingsessen."

	1	2	3	4	5	6	7	8	9	10	Kinder
Pfannkuchen	■	■	■	■	■	■	■	■	■		
Pizza											
Hamburger											
Spaghetti											
Eis											
Kuchen											
Muffins											
Salat											
Obst											

WIR

2 Erstellt für eure Klasse die gleiche Umfrage. Tragt eure Ergebnisse in
ein Balkendiagramm ein. Vergleicht mit den Ergebnissen aus Aufgabe 1.

3 Welchen Sport treiben die Kinder in ihrer Freizeit?
Nicht alle Aussagen passen zu diesem Kreisdiagramm.
Schreibe R vor die richtigen Aussagen und F vor die falschen.
Begründe deinem Partnerkind.

☐ Gleich viele Kinder
spielen Handball und Fußball.

☐ Hockey und Judo spielt jeweils
nur ein Kind.

☐ Tischtennis ist genauso beliebt
wie Schwimmen.

☐ Vier Kinder
spielen Tischtennis.

☐ Es gehen mehr Kinder
tanzen als schwimmen.

☐ Sechs Kinder
treiben keinen Sport.

■ Fußball   ■ Handball
■ Tischtennis   ■ Tanzen
■ Judo   ■ Hockey
■ Schwimmen   ■ kein Sport

4 Finde Fragen zu dem Kreisdiagramm in Aufgabe 3.
Dein Partnerkind soll die Fragen beantworten. Wechselt euch ab.

Was sind die beiden beliebtesten

_____

_____

_____

_____

_____

_____

Texte überarbeiten 1

1 Überarbeite die Geschichte. Verwende für den markierten Namen
an passenden Stellen <mark>Pronomen</mark> und stelle Satzglieder um.
Schreibe den verbesserten Text auf.

In der Zoohandlung

Julia darf sich einen neuen Fisch für ihr Aquarium

aussuchen. <mark>Julia</mark> geht mit ihrer Oma in die Zoohandlung.

Julia sieht zuerst einen dicken gelben Fisch.

Der würde ihr gefallen. <mark>Julia</mark> sieht dann einen flinken,

wendigen roten Fisch. Der wäre auch nicht schlecht.

Und der blaue? Den hat <mark>Julia</mark> neulich bei ihrer Freundin

gesehen. <mark>Julia</mark> überlegt. Julia kann sich nicht

entscheiden. Glücklich verlässt <mark>Julia</mark> mit ihrer Oma

und zwei bunten Fischen im Beutel die Zoohandlung.

Julia darf _____

_____

_____

_____

_____

_____

_____

_____

_____

2 Im Text von Aufgabe 1 fehlt ein wichtiger Teil.
Markiere die Stelle mit einem Kreuz.
Schreibe dann das fehlende Textstück auf.

„Oma", sagt Julia,

_____

_____

_____

_____

_____

_____

_____

G

3 Lest eure Geschichten in eurer Gruppe vor.
Was sagen die anderen zu deiner Geschichte? Kreuze an.

☐ Du hast viele gute Ausdrücke für „sehen" gefunden.

☐ Ich habe bei der Geschichte alles verstanden.

☐ Bei der Überschrift macht man keinen Punkt.

☐ Du fängst viele Sätze mit „dann" an.

☐ Deiner Geschichte fehlt ein guter Schluss.

☐ Du wiederholst zu oft den Namen.

☐ Ich finde die Geschichte sehr spannend.

☐ Du hast an die Satzzeichen bei der wörtlichen Rede gedacht.

Texte überarbeiten 2

1 Lies die Geschichte und überarbeite sie:
– Kreuze jeden Punkt an, den du überprüft hast.
– Unterstreiche Stellen, die du korrigieren möchtest.

☐ Rechtschreibung   ☐ Satzanfänge   ☐ Satzschlusszeichen
☐ Wortwiederholungen   ☐ Fehlt etwas?   ☐ gleiche Zeitform der Verben

Die Radfarprüfung

Jonas und sein Freunt Tom übten für die Radfahrprüfung

Jonas und Tom üpten Slalom fahren, abbremsen und was

die Verkehrsschilder bedeuten Und am ende des Tages

sind sie sehr erschöpft. und das machten sie jetzt jeden Tag

bis zur Prüfung. Am Abend vor der Prüfung machten sich

Jonas und Tom Sorgen, ob sie es überhaupt

schafen würden. Endlich war es so weit.

2 Schreibe deinen überarbeiteten Text.

_____

_____

_____

_____

_____

_____

_____

_____

3 Im folgenden Text sind drei Punkte nicht beachtet. Streiche falsche Stellen durch und schreibe deine Verbesserungen über die Wörter.

☐ Rechtschreibung   ☐ Satzanfänge   ☐ Satzschlusszeichen
☐ Wortwiederholungen   ☐ Fehlt etwas?   ☐ gleiche Zeitform der Verben

Die Radfahrprüfung begann mit Slalomfahren. Das war sehr praktisch

für Jonas und Tom. Dann fällt Jonas am neunten Hütchen plötzlich hin.

Dann blutete sein Bein. Musste er jetzt die Fahrradprüfung vergessen

Aber nein, Jonas bekommt trotzdem den Fahrradführerschein. Tom war stolz

auf seinen Freund und freute sich, dass sie es beide geschafft hatten

4 Hier sind andere Vorschläge für den Text. Welche findest du am besten? Kreuze an oder schreibe deinen eigenen Vorschlag.

Überschrift: ☐ Ein guter Tag
                  ☐ Üben, üben, üben

_____

Anfangssatz: ☐ Tom und Jonas hatten gestern Radfahrprüfung.
                  ☐ Der Lehrer sagte: „Bald ist Radfahrprüfung."

_____

Schlusssatz: ☐ Zu Hause zeigten sie den Eltern den Fahrradführerschein.
                  ☐ Das war die Fahrradprüfung.

_____

_____

_____

Schreiben   71

1. Jo-Jo-Seite

1 Zu welcher Wortart gehören die unterstrichenen Wörter?
Trage ein: **N** für Nomen, **V** für Verb und **A** für Adjektiv.

„Der überaus starke Willibald" –
ein Kinderbuch von Willi Fährmann

☐ In einem <u>großen</u>, <u>grauen</u> Haus lebt
<u>friedlich</u> eine Mäusegesellschaft.

☐ Eines Tages verbreitet sich das
Gerücht, eine große, <u>getigerte</u> <u>Katze</u>
schleiche um das <u>Haus</u>.

☐ Der überaus starke Willibald
<u>nutzt</u> die Gelegenheit und
<u>erklärt</u> sich zum Boss.

☐ Vorbei sind die <u>Zeiten</u> der
<u>Beratungen</u>.

☐ Er lässt alle Mäuse <u>marschieren</u>
und Schlachtrufe <u>üben</u>.

☐ Er teilt auch jeder <u>Mäusefamilie</u>
ein Zimmer zu.

☐ Lillimaus, die einzige Maus mit
<u>weißem</u> Fell und <u>roten</u> Augen,
verbannt er in die Bibliothek.

☐ In der Bibliothek <u>verbringt</u>
Lillimaus die Tage allein.

☐ Sie übt das Zählen, weil ihr so
<u>langweilig</u> ist. Bald ist Lillimaus
besser als der <u>abgesetzte</u> Präsident
Mausegeorg.

2 Schreibe die Wörter mit Trennstrichen in die richtige Spalte der Tabelle.

Holunder	Kiwi	Nektarine
Weintrauben	Kaktusfeige	Kaki
Pampelmuse	Zitrone	Mango
Mandarine	Melone	Birne

zwei Silben	drei Silben	vier Silben

2. Jo-Jo-Seite

1 Prüfe, welche Vorsilben du mit den Verben zusammensetzen kannst. Schreibe die neuen Verben auf.

Punkte 9

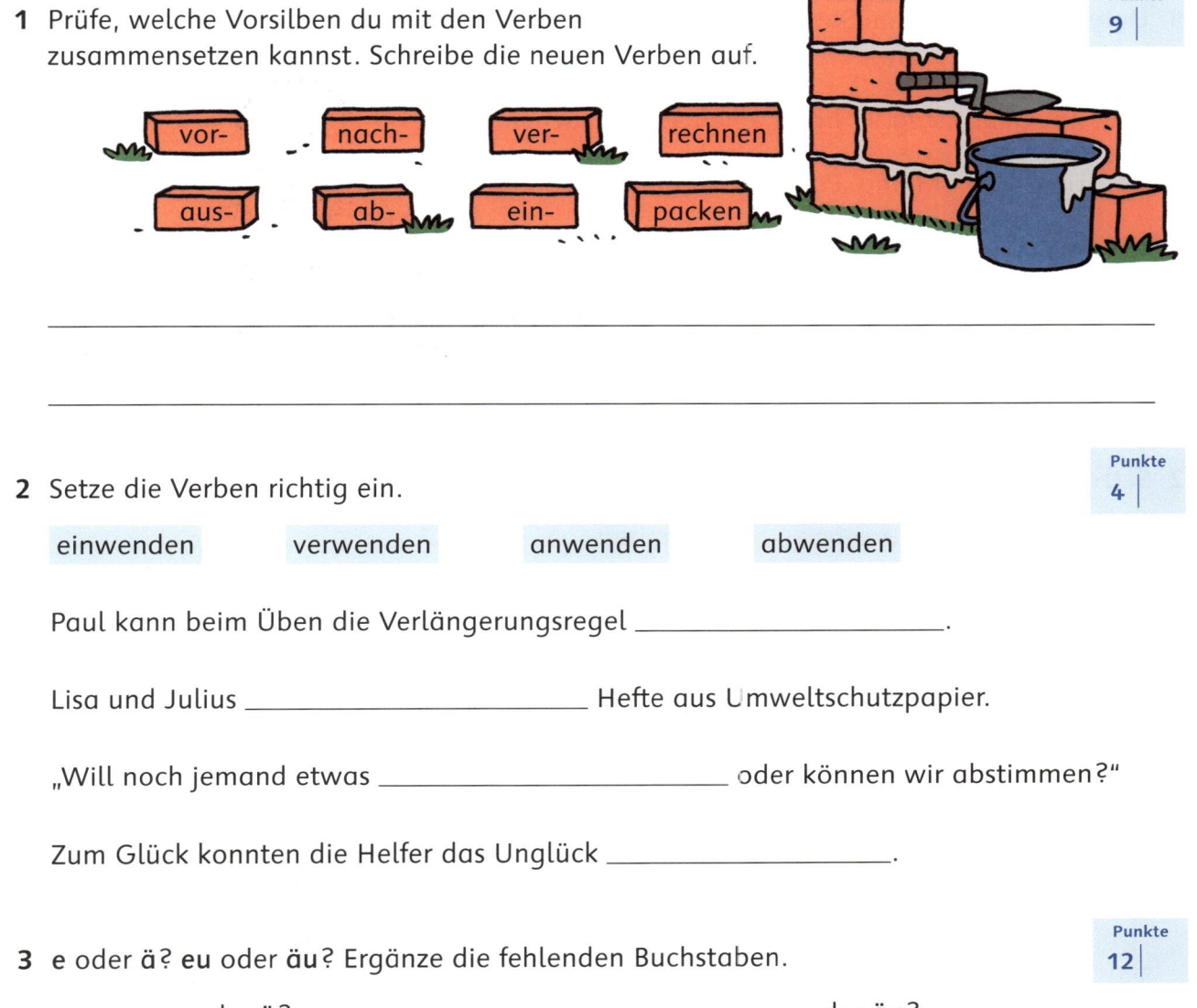

vor-   nach-   ver-   rechnen

aus-   ab-   ein-   packen

_____

_____

2 Setze die Verben richtig ein.

Punkte 4

einwenden   verwenden   anwenden   abwenden

Paul kann beim Üben die Verlängerungsregel _____.

Lisa und Julius _____ Hefte aus Umweltschutzpapier.

„Will noch jemand etwas _____ oder können wir abstimmen?"

Zum Glück konnten die Helfer das Unglück _____.

3 **e** oder **ä**? **eu** oder **äu**? Ergänze die fehlenden Buchstaben.

Punkte 12

e oder **ä**?		**eu** oder **äu**?	
die Z__hne	das F__nster	das F____er	die R____me
n__tt	schl__frig	l____ten	str____en
r____tseln	der B__rg	die L____te	die Fr____nde

4 Schreibe zu jedem Wort mit **ä** und **äu** ein verwandtes Wort mit **a** und **au** auf.

Punkte 5

_____

_____

3. Jo-Jo-Seite

1 Unterstreiche in jedem Satz das <u>Prädikat</u> rot, das <u>Subjekt</u> blau und das <u>Objekt</u> grün.

Paul hat Geburtstag. Er backt einen Schokokuchen.

<u>Den Tisch</u> deckt Mama. Paul verteilt die Luftschlangen.

Die Gäste drücken die Klingel.

Sie überreichen die Geschenke.

Alle essen Kuchen.

2 Setze die zweiteiligen Verben ein.

vorstellen   aufschreiben   vorbereiten

aufhängen   zuhören   nachschlagen   auffordern

Thea und Peter _____ ein Plakat _____.

Sie _____ im Fachlexikon _____.

Alle Informationen _____ sie sorgfältig _____.

In der Schule _____ sie ihre Arbeit _____.

Sie _____ das Plakat _____.

Die anderen Kinder _____ gespannt _____.

Am Ende _____ Thea und Paul sie zu Rückmeldungen _____.

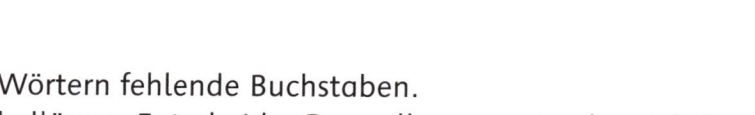

3 Ergänze bei den Wörtern fehlende Buchstaben.
Achte auf die Vokallänge. Entscheide: Doppelkonsonant oder nicht?

Schlü____el   ho____en   Ho____e   Nü____e

Ke____er   Pu____e   ra____en   Ra____e

Wa____en   Do____er   Na____e   Ma____schaft

4. Jo-Jo-Seite

1 Ergänze die passenden Fälle des Nomens **Schneemann**.

Hast du _____ gesehen?

_____ hat einen schwarzen Zylinder

auf dem Kopf. Eine krumme Möhre dient als Nase _____ .

Komm, wir machen _____ noch einen Mund aus Stöcken.

2 Ergänze in den Sätzen passende Bindewörter.
Setze das Komma an der richtigen Stelle.

Wir feiern das Opferfest _____ wir sind Muslime. Die muslimischen Kinder

müssen an diesem Tag nicht in die Schule gehen _____ alle anderen Kinder

Unterricht haben. Am Morgen besuchen wir die Moschee _____ wir gemeinsam

beten wollen. Jeder weiß _____ später Geschenke verteilt werden.

Mein Opa kam letztes Jahr überraschend aus Algerien _____ wir gerade

mit dem Essen beginnen wollten.

3 Trenne die Wörter und schreibe sie mit Trennstrichen auf die Linien.
Achte auf die besonderen Trennungen.

| Abende | kochen | kommen | lecker | plötzlich | lachen |
| glücklich | verpacken | Tasche | schützen | wünschen | Ideen |

_____

_____

_____

_____

5. Jo-Jo-Seite

1 In dem Text stehen Verben in verschiedenen Zeitformen.
Unterstreiche Verbformen in der Gegenwart blau,
in der 1. Vergangenheit grün, in der Zukunft rot.

Der Traum vom Leben im Weltraum

Viele Jahrhunderte lang schien der Weltraum den Menschen
unerreichbar fern. Aber 1961 war es so weit: Der russische Kosmonaut
Juri Gagarin flog als erster Mensch ins All. 1969 verließ dann
der Amerikaner Neil Armstrong die Mondfähre und betrat gemeinsam
mit Edwin Aldrin den Mond. Heute arbeiten in der Raumfahrt Forscher
vieler Nationen zusammen, wie beim Bau der internationalen
Raumstation ISS. Sie entwerfen und konstruieren für die künftigen Forscher
auf der Station Instrumente für Experimente und Beobachtungen.
Die ISS bietet in ihrem Innenraum so viel Platz wie ein 747-Jumbojet.
Die Astronauten schlafen und arbeiten darin. In Zukunft werden Astronauten
die Reisen ins All in Etappen durchführen. Mit einem Raumschiff
werden sie zur ersten Raumstation fliegen, dann zur nächsten,
bis zu ihrem Ziel. Möglicherweise werden irgendwann auch einmal
Touristen für viel Geld eine Raumstation besuchen.

2 Bilde Sätze mit Satzergänzungen im 3. Fall (wem?)
oder 4. Fall (wen oder was?). Schreibe die Sätze auf.

Der Hund gehorcht   Besitzer

Der Arzt verbindet   Wunde

Die Polizistin verhaftet   Dieb

Der Lehrer hilft   Schülerin

_____

_____

_____

_____

6. Jo-Jo-Seite

Punkte
7

1 Bilde mit den Satzgliedern Sätze und schreibe sie auf.

Wandertag

die Klasse 4b   einen Ausflug   macht

den Bus   Tanias Vater   fährt

ihm   den Weg   zeigt   Herr Müller

John   einen schweren Rucksack   schleppt

Torsten   zeigt   seinen Fotoapparat   Luca

Sandro   Schokoriegel   verteilt

schenkt   Uli   seinen Riegel   Selim

_____

_____

_____

_____

_____

_____

Punkte
24

2 Unterstreiche in deinen Sätzen Subjekte blau, Prädikate rot,
Ergänzungen im 3. Fall hellgrün und im 4. Fall dunkelgrün.

Punkte
8

3 Finde ein verwandtes Wort oder verlängere die Wörter.
Markiere jeweils das silbentrennende **h**.

nah: _____   die Kuh: _____

froh: _____   der Schuh: _____

der Floh: _____   früh: _____

der Zeh: _____   roh: _____

7. Jo-Jo-Seite

1 Ordne die Vergleichsstufen in die richtige Spalte ein.
Ergänze die fehlenden Vergleichsstufen.

stark • schwerer • schlecht • am ältesten • länger • reich • tief • weiter • kalt

Grundform	1. Vergleichsstufe	2. Vergleichsstufe

2 Setze **Qu** oder **qu** ein.

_____er   _____al   _____atsch   _____etschen

_____aken   _____ark   _____ietschen   Kaul_____appe

_____almen   _____ittung   _____artett

3 Kreuze die Verben an, die zum Wortfeld **gehen** gehören.

laufen ☐   rennen ☐   feiern ☐

kriechen ☐   rasen ☐   stolpern ☐

rufen ☐   hüpfen ☐   joggen ☐

schleichen ☐   liegen ☐   essen ☐

hetzen ☐   flitzen ☐   springen ☐

8. Jo-Jo-Seite

1 Schreibe passende Redebegleitsätze.
Setze die Verben und Satzzeichen ein.

Punkte
22

> sagen • fragen • ergänzen • schimpfen • erklären • rufen

4 x :   6 x „"   1 x ?   1 x !   2 x ,   2 x .

Thomas und Annika überreden Pippi, in die Schule zu gehen.

 _____ Wenn du wüsstest, wie lustig es
in der Schule zugeht.

 _____ Man braucht nur
bis zwei Uhr dazubleiben. Das ist wirklich nicht lange.

 _____ Und dann erst die Ferien!
Man bekommt Weihnachtsferien und ganz lange Sommerferien.

 _____ Das ist ungerecht!

Was denn _____

Ihr bekommt Ferien und ich nicht. Das lasse ich

mir nicht gefallen _____

Punkte
20

2 In jeder Reihe passt ein Wort nicht zu der Wortfamilie. Streiche es durch.
Unterstreiche bei den übrigen Wörtern den Wortstamm.

Umgebung	abgeben	weggehen	nachgeben	vergeben
abholen	nachholen	gehören	überholen	Erholung
Schlenker	schenken	Geschenk	verschenken	beschenken
Springer	verschlingen	Sprung	abspringen	aufspringen

9. Jo-Jo-Seite

1 Schreibe die Nomen zu den Bildern. Markiere jeweils den ks-Laut.

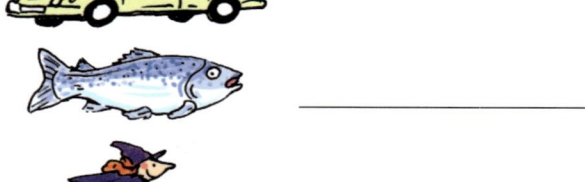

_____   _____

_____   _____

_____   _____

2 Setze mit Hilfe der Wortbausteine Adjektive zusammen.

-ig   -lich   -isch   -bar   -los

richt_____	brenn_____	regner_____	namen_____
nütz_____	gefähr_____	nebl_____	streit_____
sonn_____	unsicht_____	sorg_____	wolken_____
wolk_____	fantast_____	stürm_____	sonder_____

3 Ordne passende Adjektive aus Aufgabe 1 in die Tabelle ein.

Die Wettervorhersage

	Montag	Dienstag	Mittwoch
am Morgen			
am Nachmittag			

10. Jo-Jo-Seite

1 Wähle ein Bauwerk. Beschreibe es. Schreibe in der Gegenwart. Nutze passende Adjektive.

Punkte
2

2 Prüfe: Wie wird der Vokal, Umlaut oder Zwielaut vor dem s-Laut gesprochen: lang oder kurz? Ergänze dann **ss** oder β.

Punkte
12

abschlie____en   das Schlo____   der Schlü____el

der Verschlu____   verschlo____en   schlie____lich

das Schlü____elloch   aufschlie____en   abgeschlo____en

drau____en   hei____en   Stra____e

11. Jo-Jo-Seite

1 Unterstreiche in dem Text Ortsangaben (Wo?/Wohin?) rosa und Zeitangaben (Wann?) lila.

Hauptübung bei der Feuerwehr

Heute hat die Feuerwehr ihre Hauptübung.
Die Mitglieder kennen ihre Pflichten. Alle sind
auf dem Hof angetreten. Die Übungsidee lautet:
Das Stroh in der Scheune des Bauern Jakob
hat sich entzündet. Jetzt ertönt das Alarmsignal.
Zuerst verlässt der Kommandant das Feuerwehrhaus.
Kurz darauf fährt der Mannschaftswagen hinaus.
Zuletzt rückt ein Fahrer mit der Drehleiter aus.
An der Straße stehen viele Zuschauer. Das Wasser
klatscht auf das Pflaster. Die Übung verläuft planmäßig.
Nach einer Stunde kehren alle zum Feuerwehrhaus zurück.

2 Ordne die Ortsangaben und Zeitangaben in die Tabelle ein.

Wann?	Wo?/ Wohin?

3 Setze die passenden Ortsangaben und Zeitangaben in die Sätze ein.

seit heute   in der Stadt   am Nachmittag   auf der Festwiese

_____ ist _____ ein Zirkus zu Gast.

_____ kann jeder das Zelt _____ sehen.

12. Jo-Jo-Seite

1 Lies den ersten Absatz des Textes. Wovon handelt der Text wohl?
Schreibe deine Vermutung auf.

Sykanaya lebt in Thailand. Wenn sie morgens zur Schule kommt,

wird sie bereits mit Spannung erwartet.

Wer hat schon ein Schultaxi mit vier Beinen, großen Ohren und einem Rüssel?

_____

_____

2 Lies nun den zweiten Absatz des Textes.
Hat sich deine Vermutung bestätigt? Kreuze an.

Jampi heißt die Elefantenkuh, auf der
das Mädchen zur Schule reitet. Das Tier ist
fast drei Tonnen schwer und misst von Kopf
bis Fuß drei Meter. Schon am Morgen
mistet Sykanya den Stall aus. Nachmittags
legt sie Ananasblätter bereit, von denen
Jampi jeden Tag bis zu 250 Kilogramm frisst.

☐ Vermutung bestätigt   ☐ Vermutung nicht bestätigt

3 Schreibe eine passende Überschrift für den Text.

Eine Schule in Thailand   Ein toller Sportler   Vierbeiniges Schultaxi

Schneller als ein Auto   Daniel Düsentrieb   Was ein Elefant frisst

_____

4 Unterstreiche im Text die Antworten auf die Fragen.

a) Wo wird Sykanaya mit Spannung erwartet?

b) Wie schwer und wie groß ist Sykanayas Schultaxi?

c) Was tut Sykanaya schon am Morgen?

d) Wie viel und was frisst Jampi?

Kontrollblätter zu den Jo-Jo-Seiten

1. Jo-Jo-Seite

1 Zu welcher Wortart gehören die unterstrichenen Wörter? Trage ein: N für Nomen, V für Verb und A für Adjektiv.   Punkte 9

„Der überaus starke Willibald" – ein Kinderbuch von Willi Fährmann

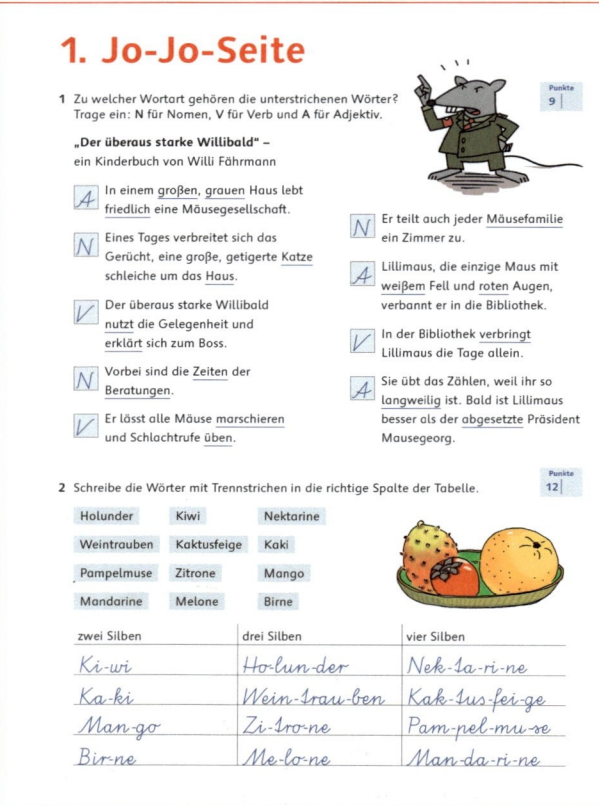

A In einem großen, grauen Haus lebt friedlich eine Mäusegesellschaft.

N Eines Tages verbreitet sich das Gerücht, eine große, getigerte Katze schleiche um das Haus.

V Der überaus starke Willibald nutzt die Gelegenheit und erklärt sich zum Boss.

N Vorbei sind die Zeiten der Beratungen.

V Er lässt alle Mäuse marschieren und Schlachtrufe üben.

N Er teilt auch jeder Mäusefamilie ein Zimmer zu.

A Lillimaus, die einzige Maus mit weißem Fell und roten Augen, verbannt er in die Bibliothek.

V In der Bibliothek verbringt Lillimaus die Tage allein.

A Sie übt das Zählen, weil ihr so langweilig ist. Bald ist Lillimaus besser als der abgesetzte Präsident Mausegeorg.

2 Schreibe die Wörter mit Trennstrichen in die richtige Spalte der Tabelle.   Punkte 12

Holunder · Kiwi · Nektarine · Weintrauben · Kaktusfeige · Kaki · Pampelmuse · Zitrone · Mango · Mandarine · Melone · Birne

zwei Silben	drei Silben	vier Silben
Ki-wi	Ho-lun-der	Nek-ta-ri-ne
Ka-ki	Wein-trau-ben	Kak-tus-fei-ge
Man-go	Zi-tro-ne	Pam-pel-mu-se
Bir-ne	Me-lo-ne	Man-da-ri-ne

2. Jo-Jo-Seite

1 Prüfe, welche Vorsilben du mit den Verben zusammensetzen kannst. Schreibe die neuen Verben auf.   Punkte 9

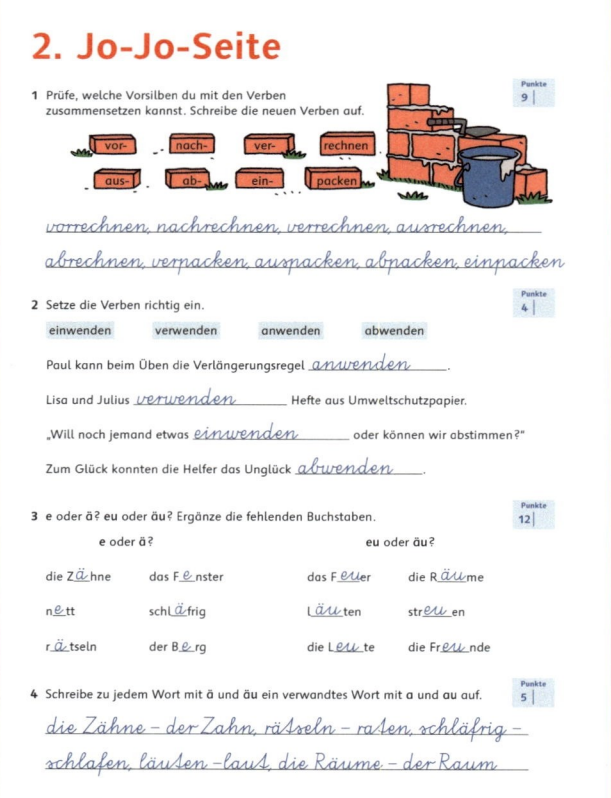

vor- · nach- · ver- · rechnen · aus- · ab- · ein- · packen

vorrechnen, nachrechnen, verrechnen, ausrechnen, abrechnen, verpacken, auspacken, abpacken, einpacken

2 Setze die Verben richtig ein.   Punkte 4

einwenden · verwenden · anwenden · abwenden

Paul kann beim Üben die Verlängerungsregel *anwenden*.

Lisa und Julius *verwenden* Hefte aus Umweltschutzpapier.

„Will noch jemand etwas *einwenden* oder können wir abstimmen?"

Zum Glück konnten die Helfer das Unglück *abwenden*.

3 e oder ä? eu oder äu? Ergänze die fehlenden Buchstaben.   Punkte 12

e oder ä?

die Z*ä*hne · das F*e*nster · n*e*tt · schl*ä*frig · r*ä*tseln · der B*e*rg

eu oder äu?

das F*eu*er · die R*äu*me · l*äu*ten · str*eu*en · die L*eu*te · die Fr*eu*nde

4 Schreibe zu jedem Wort mit ä und äu ein verwandtes Wort mit a und au auf.   Punkte 5

die Zähne – der Zahn, rätseln – raten, schläfrig – schlafen, läuten – laut, die Räume – der Raum

3. Jo-Jo-Seite

1 Unterstreiche in jedem Satz das Prädikat rot, das Subjekt blau und das Objekt grün.   Punkte 7

Paul hat Geburtstag. Er backt einen Schokokuchen.

Den Tisch deckt Mama. Paul verteilt die Luftschlangen.

Die Gäste drücken die Klingel.

Sie überreichen die Geschenke.

Alle essen Kuchen.

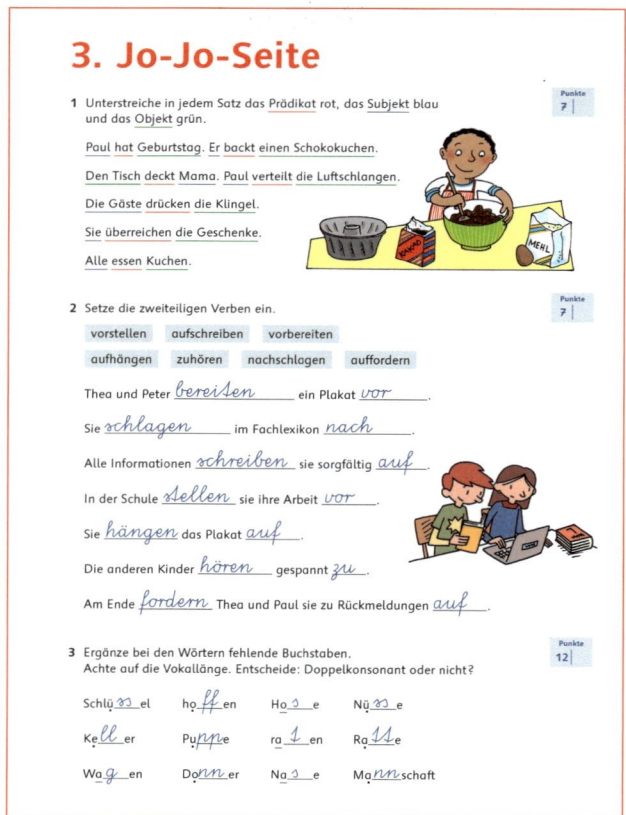

2 Setze die zweiteiligen Verben ein.   Punkte 7

vorstellen · aufschreiben · vorbereiten · aufhängen · zuhören · nachschlagen · auffordern

Thea und Peter *bereiten* ein Plakat *vor*.

Sie *schlagen* im Fachlexikon *nach*.

Alle Informationen *schreiben* sie sorgfältig *auf*.

In der Schule *stellen* sie ihre Arbeit *vor*.

Sie *hängen* das Plakat *auf*.

Die anderen Kinder *hören* gespannt *zu*.

Am Ende *fordern* Thea und Paul sie zu Rückmeldungen *auf*.

3 Ergänze bei den Wörtern fehlende Buchstaben. Achte auf die Vokallänge. Entscheide: Doppelkonsonant oder nicht?   Punkte 12

Schlü*ss*el · ho*ff*en · Ho*s*e · Nü*ss*e

Ke*ll*er · Pu*pp*e · ra*t*en · Ra*tt*e

Wa*g*en · Do*nn*er · Na*s*e · Ma*nn*schaft

4. Jo-Jo-Seite

1 Ergänze die passenden Fälle des Nomens **Schneemann**.   Punkte 4

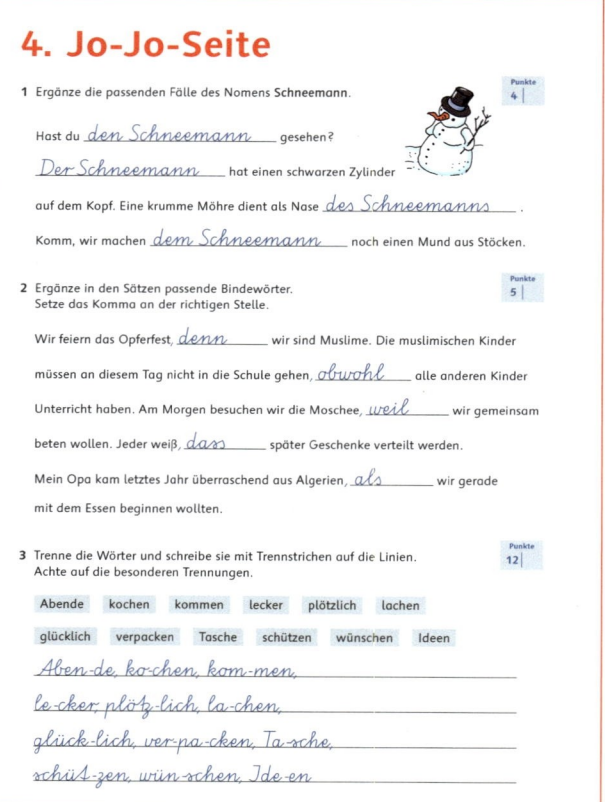

Hast du *den Schneemann* gesehen?

Der Schneemann hat einen schwarzen Zylinder auf dem Kopf. Eine krumme Möhre dient als Nase *des Schneemanns*.

Komm, wir machen *dem Schneemann* noch einen Mund aus Stöcken.

2 Ergänze in den Sätzen passende Bindewörter. Setze das Komma an der richtigen Stelle.   Punkte 5

Wir feiern das Opferfest, *denn* wir sind Muslime. Die muslimischen Kinder müssen an diesem Tag nicht in die Schule gehen, *obwohl* alle anderen Kinder Unterricht haben. Am Morgen besuchen wir die Moschee, *weil* wir gemeinsam beten wollen. Jeder weiß, *dass* später Geschenke verteilt werden.

Mein Opa kam letztes Jahr überraschend aus Algerien, *als* wir gerade mit dem Essen beginnen wollten.

3 Trenne die Wörter und schreibe sie mit Trennstrichen auf die Linien. Achte auf die besonderen Trennungen.   Punkte 12

Abende · kochen · kommen · lecker · plötzlich · lachen · glücklich · verpacken · Tasche · schützen · wünschen · Ideen

Aben-de, ko-chen, kom-men, le-cker, plötz-lich, la-chen, glück-lich, ver-pa-cken, Ta-sche, schüt-zen, wün-schen, Ide-en

Kontrollblätter zu den Jo-Jo-Seiten

5. Jo-Jo-Seite

1 In dem Text stehen Verben in verschiedenen Zeitformen. Unterstreiche Verbformen in der Gegenwart blau, in der 1. Vergangenheit grün, in der Zukunft rot.

Punkte 14

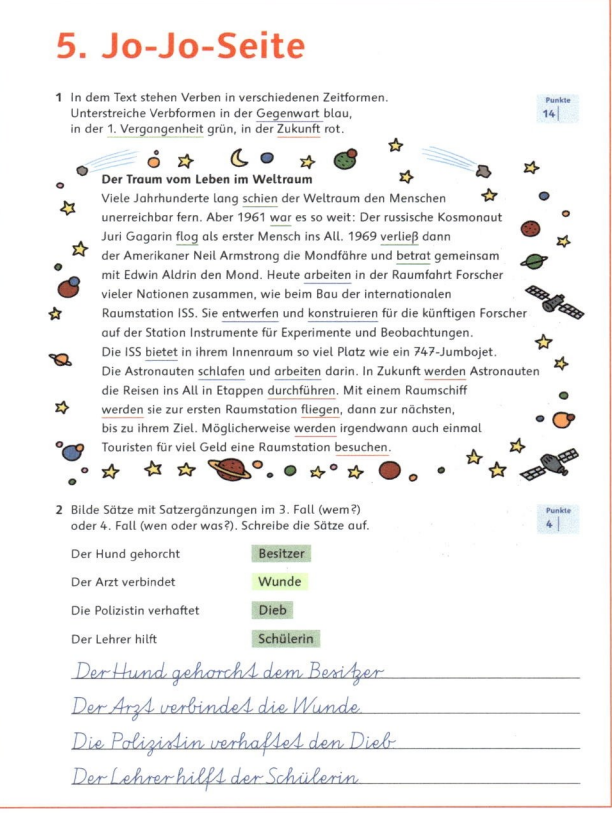

Der Traum vom Leben im Weltraum

Viele Jahrhunderte lang schien der Weltraum den Menschen unerreichbar fern. Aber 1961 war es so weit: Der russische Kosmonaut Juri Gagarin flog als erster Mensch ins All. 1969 verließ dann der Amerikaner Neil Armstrong die Mondfähre und betrat gemeinsam mit Edwin Aldrin den Mond. Heute arbeiten in der Raumfahrt Forscher vieler Nationen zusammen, wie beim Bau der internationalen Raumstation ISS. Sie entwerfen und konstruieren für die künftigen Forscher auf der Station Instrumente für Experimente und Beobachtungen. Die ISS bietet in ihrem Innenraum so viel Platz wie ein 747-Jumbojet. Die Astronauten schlafen und arbeiten darin. In Zukunft werden Astronauten die Reisen ins All in Etappen durchführen. Mit einem Raumschiff werden sie zur ersten Raumstation fliegen, dann zur nächsten, bis zu ihrem Ziel. Möglicherweise werden irgendwann auch einmal Touristen für viel Geld eine Raumstation besuchen.

2 Bilde Sätze mit Satzergänzungen im 3. Fall (wem?) oder 4. Fall (wen oder was?). Schreibe die Sätze auf.

Punkte 4

Der Hund gehorcht	Besitzer
Der Arzt verbindet	Wunde
Die Polizistin verhaftet	Dieb
Der Lehrer hilft	Schülerin

Der Hund gehorcht dem Besitzer

Der Arzt verbindet die Wunde

Die Polizistin verhaftet den Dieb

Der Lehrer hilft der Schülerin

6. Jo-Jo-Seite

1 Bilde mit den Satzgliedern Sätze und schreibe sie auf.

Punkte 7

Wandertag

die Klasse 4b	einen Ausflug	macht
den Bus	Tanics Vater	fährt
ihm	den Weg	zeigt	Herr Müller
John	einen schweren Rucksack	schleppt
Torsten	zeigt	seinen Fotoapparat	Luca
Sandro	Schokoriegel	verteilt
schenkt	Uli	seinen Riegel	Selim

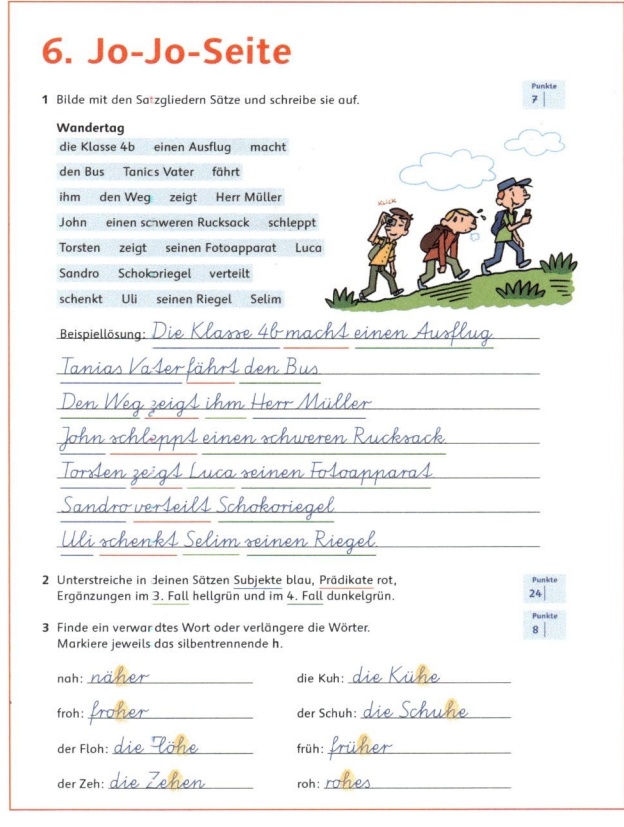

Beispiellösung: *Die Klasse 4b macht einen Ausflug*

Tanias Vater fährt den Bus

Den Weg zeigt ihm Herr Müller

John schleppt einen schweren Rucksack

Torsten zeigt Luca seinen Fotoapparat

Sandro verteilt Schokoriegel

Uli schenkt Selim seinen Riegel

2 Unterstreiche in deinen Sätzen Subjekte blau, Prädikate rot, Ergänzungen im 3. Fall hellgrün und im 4. Fall dunkelgrün.

Punkte 24

3 Finde ein verwandtes Wort oder verlängere die Wörter. Markiere jeweils das silbentrennende h.

Punkte 8

nah: *näher*   die Kuh: *die Kühe*

froh: *froher*   der Schuh: *die Schuhe*

der Floh: *die Flöhe*   früh: *früher*

der Zeh: *die Zehen*   roh: *rohes*

7. Jo-Jo-Seite

1 Ordne die Vergleichsstufen in die richtige Spalte ein. Ergänze die fehlenden Vergleichsstufen.

Punkte 27

stark • schwerer • schlecht • am ältesten • länger • reich • tief • weiter • kalt

Grundform	1. Vergleichsstufe	2. Vergleichsstufe
stark	*stärker*	*am stärksten*
schwer	*schwerer*	*am schwersten*
schlecht	*schlechter*	*am schlechtesten*
alt	*älter*	*am ältesten*
lang	*länger*	*am längsten*
reich	*reicher*	*am reichsten*
tief	*tiefer*	*am tiefsten*
weit	*weiter*	*am weitesten*
kalt	*kälter*	*am kältesten*

2 Setze Qu oder qu ein.

Punkte 11

*qu*er   *Qu*al   *Qu*atsch   *qu*etschen

*qu*aken   *Qu*ark   *qu*ietschen   Kaul*qu*appe

*qu*almen   *Qu*ittung   *Qu*artett

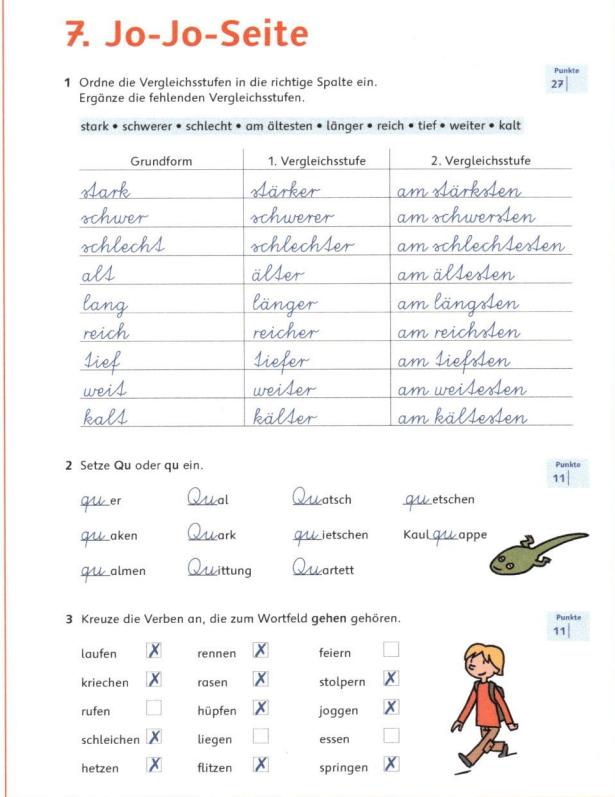

3 Kreuze die Verben an, die zum Wortfeld **gehen** gehören.

Punkte 11

laufen	☒	rennen	☒	feiern	☐
kriechen	☒	rasen	☒	stolpern	☒
rufen	☐	hüpfen	☒	joggen	☒
schleichen	☒	liegen	☐	essen	☐
hetzen	☒	flitzen	☒	springen	☒

8. Jo-Jo-Seite

1 Schreibe passende Redebegleitsätze. Setze die Verben und Satzzeichen ein.

Punkte 22

sagen • fragen • ergänzen • schimpfen • erklären • rufen

4 x : 6 x „" 1 x ? 1 x ! 2 x , 2 x .

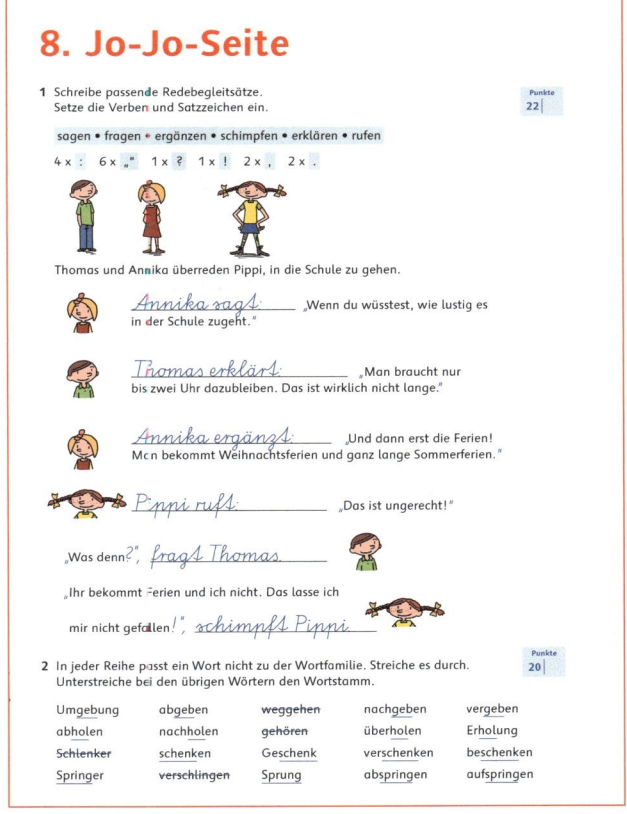

Thomas und Annika überreden Pippi, in die Schule zu gehen.

Annika sagt: „Wenn du wüsstest, wie lustig es in der Schule zugeht."

Thomas erklärt: „Man braucht nur bis zwei Uhr dazubleiben. Das ist wirklich nicht lange."

Annika ergänzt: „Und dann erst die Ferien! Man bekommt Weihnachtsferien und ganz lange Sommerferien."

Pippi ruft: „Das ist ungerecht!"

„Was denn?", *fragt Thomas.*

„Ihr bekommt Ferien und ich nicht. Das lasse ich mir nicht gefallen!", *schimpft Pippi.*

2 In jeder Reihe passt ein Wort nicht zu der Wortfamilie. Streiche es durch. Unterstreiche bei den übrigen Wörtern den Wortstamm.

Punkte 20

Umgebung	abgeben	~~weggehen~~	nachgeben	vergeben
abholen	nachholen	~~gehören~~	überholen	Erholung
~~Schlenker~~	schenken	Geschenk	verschenken	beschenken
Springer	~~verschlingen~~	Sprung	abspringen	aufspringen

Kontrollblätter zu den Jo-Jo-Seiten

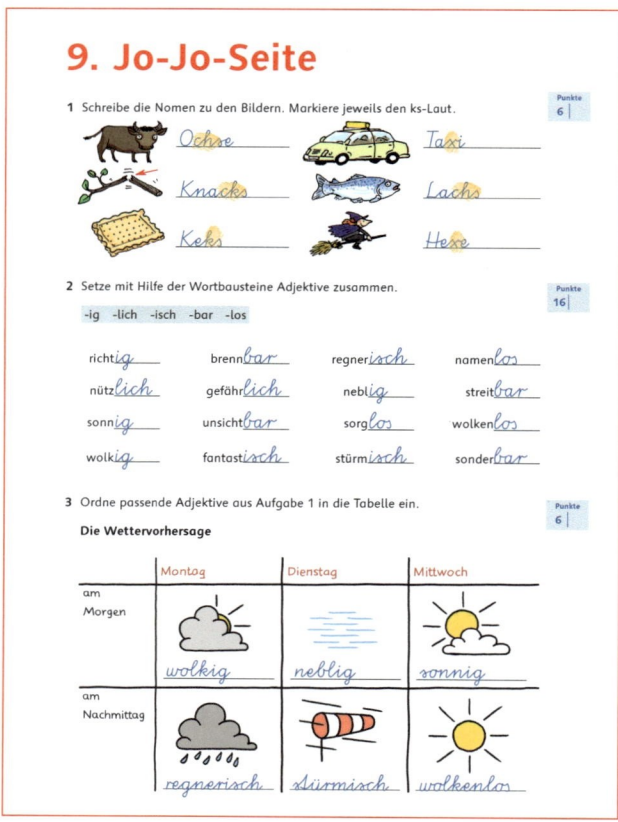

9. Jo-Jo-Seite

1 Schreibe die Nomen zu den Bildern. Markiere jeweils den ks-Laut. `Punkte 6`

Ochse *Taxi*

Knacks *Lachs*

Keks *Hexe*

2 Setze mit Hilfe der Wortbausteine Adjektive zusammen. `Punkte 16`

-ig -lich -isch -bar -los

richt*ig*	brenn*bar*	regner*isch*	namen*los*
nütz*lich*	gefähr*lich*	nebl*ig*	streit*bar*
sonn*ig*	unsicht*bar*	sorg*los*	wolken*los*
wolk*ig*	fantast*isch*	stürm*isch*	sonder*bar*

3 Ordne passende Adjektive aus Aufgabe 1 in die Tabelle ein. `Punkte 6`

Die Wettervorhersage

	Montag	Dienstag	Mittwoch
am Morgen	*wolkig*	*neblig*	*sonnig*
am Nachmittag	*regnerisch*	*stürmisch*	*wolkenlos*

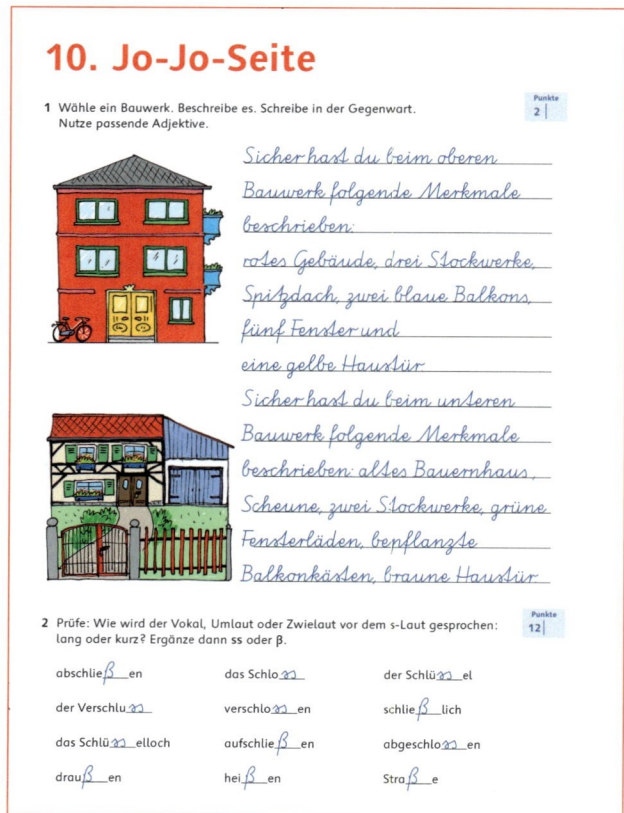

10. Jo-Jo-Seite

1 Wähle ein Bauwerk. Beschreibe es. Schreibe in der Gegenwart. Nutze passende Adjektive. `Punkte 2`

Sicher hast du beim oberen Bauwerk folgende Merkmale beschrieben: rotes Gebäude, drei Stockwerke, Spitzdach, zwei blaue Balkons, fünf Fenster und eine gelbe Haustür

Sicher hast du beim unteren Bauwerk folgende Merkmale beschrieben: altes Bauernhaus, Scheune, zwei Stockwerke, grüne Fensterläden, bepflanzte Balkonkästen, braune Haustür

2 Prüfe: Wie wird der Vokal, Umlaut oder Zwielaut vor dem s-Laut gesprochen: lang oder kurz? Ergänze dann ss oder ß. `Punkte 12`

abschlie*ß*en das Schlo*ss* der Schlü*ss*el

der Verschlu*ss* verschlo*ss*en schlie*ß*lich

das Schlü*ss*elloch aufschlie*ß*en abgeschlo*ss*en

drau*ß*en hei*ß*en Stra*ß*e

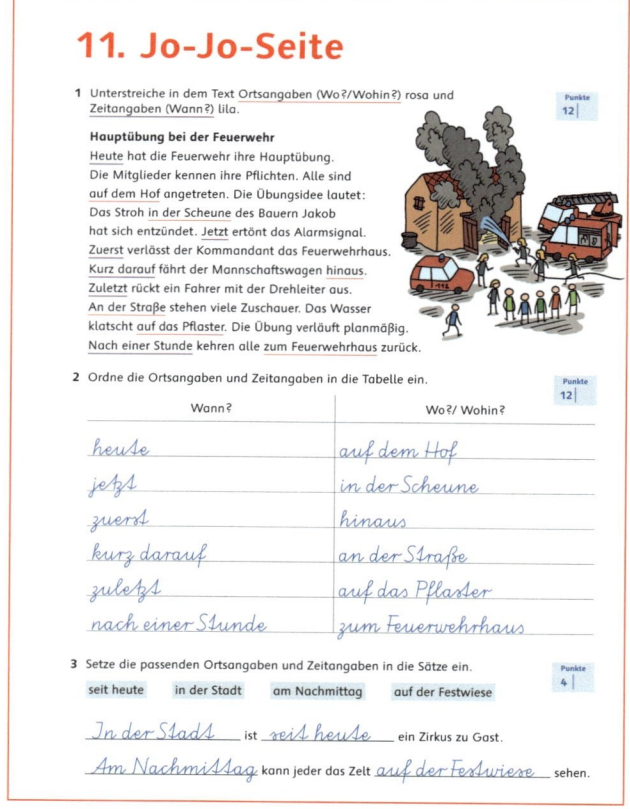

11. Jo-Jo-Seite

1 Unterstreiche in dem Text Ortsangaben (Wo?/Wohin?) rosa und Zeitangaben (Wann?) lila. `Punkte 12`

Hauptübung bei der Feuerwehr

Heute hat die Feuerwehr ihre Hauptübung. Die Mitglieder kennen ihre Pflichten. Alle sind auf dem Hof angetreten. Die Übungsidee lautet: Das Stroh in der Scheune des Bauern Jakob hat sich entzündet. Jetzt ertönt das Alarmsignal. Zuerst verlässt der Kommandant das Feuerwehrhaus. Kurz darauf fährt der Mannschaftswagen hinaus. Zuletzt rückt ein Fahrer mit der Drehleiter aus. An der Straße stehen viele Zuschauer. Das Wasser klatscht auf das Pflaster. Die Übung verläuft planmäßig. Nach einer Stunde kehren alle zum Feuerwehrhaus zurück.

2 Ordne die Ortsangaben und Zeitangaben in die Tabelle ein. `Punkte 12`

Wann?	Wo?/ Wohin?
heute	*auf dem Hof*
jetzt	*in der Scheune*
zuerst	*hinaus*
kurz darauf	*an der Straße*
zuletzt	*auf das Pflaster*
nach einer Stunde	*zum Feuerwehrhaus*

3 Setze die passenden Ortsangaben und Zeitangaben in die Sätze ein. `Punkte 4`

seit heute in der Stadt am Nachmittag auf der Festwiese

In der Stadt ist *seit heute* ein Zirkus zu Gast.

Am Nachmittag kann jeder das Zelt *auf der Festwiese* sehen.

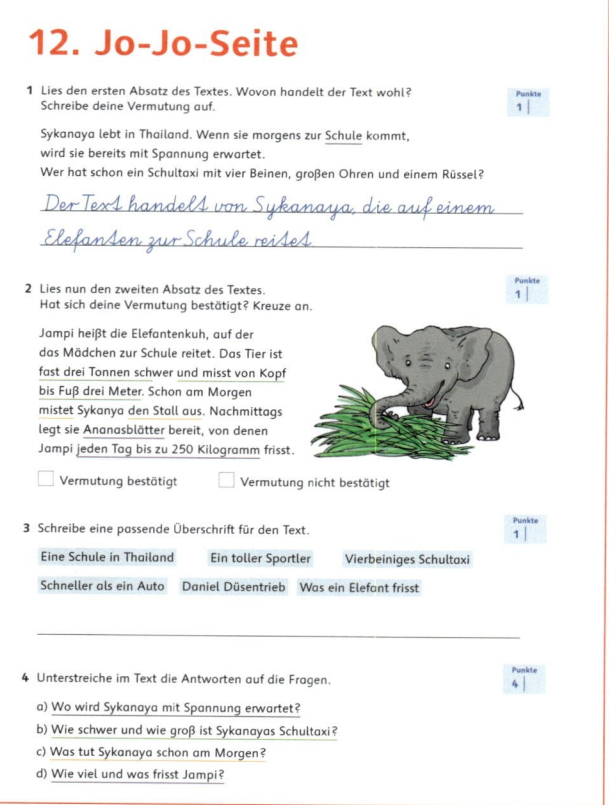

12. Jo-Jo-Seite

1 Lies den ersten Absatz des Textes. Wovon handelt der Text wohl? Schreibe deine Vermutung auf. `Punkte 1`

Sykanaya lebt in Thailand. Wenn sie morgens zur Schule kommt, wird sie bereits mit Spannung erwartet. Wer hat schon ein Schultaxi mit vier Beinen, großen Ohren und einem Rüssel?

Der Text handelt von Sykanaya, die auf einem Elefanten zur Schule reitet

2 Lies nun den zweiten Absatz des Textes. Hat sich deine Vermutung bestätigt? Kreuze an. `Punkte 1`

Jampi heißt die Elefantenkuh, auf der das Mädchen zur Schule reitet. Das Tier ist fast drei Tonnen schwer und misst von Kopf bis Fuß drei Meter. Schon am Morgen mistet Sykanaya den Stall aus. Nachmittags legt sie Ananasblätter bereit, von denen Jampi jeden Tag bis zu 250 Kilogramm frisst.

☐ Vermutung bestätigt ☐ Vermutung nicht bestätigt

3 Schreibe eine passende Überschrift für den Text. `Punkte 1`

Eine Schule in Thailand Ein toller Sportler Vierbeiniges Schultaxi

Schneller als ein Auto Daniel Düsentrieb Was ein Elefant frisst

_____

4 Unterstreiche im Text die Antworten auf die Fragen. `Punkte 4`

a) Wo wird Sykanaya mit Spannung erwartet?

b) Wie schwer und wie groß ist Sykanayas Schultaxi?

c) Was tut Sykanaya schon am Morgen?

d) Wie viel und was frisst Jampi?

Wörterliste

A/a

ab
der Abend, die Abende
abends
der Abfall, die Abfälle
   abschreiben, sie schreibt ab,
     sie schrieb ab
die Absicht
das Abteil, die Abteile
das Adjektiv, die Adjektive
   aktiv
   alt, älter
   am, an
   anfangen, er fängt an,
     er fing an
die Angst, die Ängste
   ängstlich
der Anschluss, die Anschlüsse
   antworten, er antwortet,
     er antwortete
der Apfel, die Äpfel
der April
   arbeiten, er arbeitet,
     er arbeitete
   ärgerlich
   ärgern, sich ärgern,
     er ärgert sich,
     er ärgerte sich
der Arm, die Arme
der Arzt, die Ärzte
die Ärztin, die Ärztinnen
der Ast, die Äste
   aufführen, sie führt auf,
     sie führte auf
   aufpassen, sie passt auf,
     sie passte auf
der Aufsatz, die Aufsätze
   aufstehen, sie steht
     auf, sie stand auf
   aufstellen, sie stellt auf,
     sie stellte auf
   aufwachen, er wacht auf,
     er wachte auf
   aufwachsen, er wächst auf,
     er wuchs auf
der August
   ausbeuten, er beutet aus,
     er beutete aus

ausdrucken, er druckt aus,
     er druckte aus
außen, **außer**
außerdem
ausblasen, er bläst aus,
     er blies aus
ausgehen, sie geht aus,
     sie ging aus
aushalten, er hält aus,
     er hielt aus
auspacken, sie packt aus,
     sie packte aus
ausreiten, sie reitet aus,
     sie ritt aus
ausruhen, er ruht sich aus,
     er ruhte sich aus
die Aussicht
   aussprechen, er spricht aus,
     er sprach aus
   aussteigen, er steigt aus,
     er stieg aus
die Axt, die Äxte

B/b

das Baby, die Babys
das Backblech, die Backbleche
   backen, sie backt, sie buk
der Bäcker, die Bäcker
die Bahn, die Bahnen
das Balkendiagramm,
     die Balkendiagramme
der Ball, die Bälle
die Banane, die Bananen
das Band, die Bänder
   basteln, sie bastelt,
     sie bastelte
   bauen, sie baut, sie baute
der Bauer, die Bauern
die Bäuerin, die Bäuerinnen
der Baum, die Bäume
der Baumstamm,
     die Baumstämme
   bedrohen, er bedroht,
     er bedrohte
   beginnen, sie beginnt,
     sie begann
   beinahe
   beißen, er beißt, er biss

das Beispiel, die Beispiele
   behalten, er behält,
     er behielt
   bekannt
   beobachten, er beobachtet,
     er beobachtete
   benutzen, sie benutzt,
     sie benutzte
   bequem
der Berg, die Berge
der Bericht, die Berichte
   berichten, sie berichtet,
     sie berichtete
der Beruf, die Berufe
   beschützen, sie beschützt,
     sie beschützte
   besorgen, sie besorgt,
     sie besorgte
   besorgt
   besprechen, sie bespricht,
     sie besprach
die Besprechung,
     die Besprechungen
der Besuch, die Besuche
   besuchen, er besucht,
     er besuchte
das Bett, die Betten
   bewegen, er bewegt,
     er bewegte
   bezahlbar
   bezahlen, sie bezahlt,
     sie bezahlte
das Bild, die Bilder
   billig, billiger
   bin
   bis
der Biss, die Bisse
   du **bist**
die Bitte, die Bitten
   bitten, sie bittet, sie bat
   blass
das Blatt, die Blätter
   bläulich
   bleiben, er bleibt, er blieb
   blühen, sie blüht, sie blühte
der Boden, die Böden
das Boot, die Boote
   boxen, er boxt, er boxte

der Brand, die Brände

der Braten, die Braten

    brauchen, sie braucht,
      sie brauchte

    bremsen, er bremst,
      er bremste

das Brett, die Bretter

der Brief, die Briefe

    bringen, er bringt,
      er brachte

das Brot, die Brote

die Brücke, die Brücken

der Bruder, die Brüder

das Buch, die Bücher

die Büchse, die Büchsen

die Bühne, die Bühnen

das Bühnenbild,
     die Bühnenbilder

die Burg, die Burgen

der Bus, die Busse

die Butter

C/c

    chatten, sie chattet,
      sie chattete

der Christ, die Christen

der Computer, die Computer

D/d

der Dachs, die Dachse

die Dämmerung

    danken, sie dankt,
      sie dankte

dann

dein, deinem, deinen

dem

den

    denken, sie denkt,
      sie dachte

    deshalb

    Deutschland

der Dezember

der Dienstag

dies, diesem, diesen

das Ding, die Dinger

der Donnerstag

das Dorf, die Dörfer

    dort

draußen

drehen, er **dreht**, er **drehte**

drohen, er droht, er drohte

dumm, dümmer

dürfen, er darf, er durfte

E/e

    eckig

das Edelweiß

ein, einem, einen

der Einbruch, die Einbrüche

das Einhorn, die Einhörner

    einkaufen, er kauft ein,
      er kaufte ein

die Einsicht

der Einwohner, die Einwohner

das Eiweiß

die Eltern

der Empfänger, die Empfänger

das Ende, die Enden

    entdecken, er entdeckt,
      er entdeckte

die Ente, die Enten

    entführen, er entführt,
      er entführte

    entkommen, er entkommt,
      er entkam

    entscheiden, er entscheidet,
      er entschied

    entschuldigen,
      sie entschuldigt,
      sie entschuldigte

die Erdbeere, die Erdbeeren

die Erde

    erforschen, er erforscht,
      er erforschte

das Ergebnis, die Ergebnisse

    erinnern, sie erinnert,
      sie erinnerte

die Erinnerung,
     die Erinnerungen

    erklären, er erklärt,
      er erklärte

erlauben, sie **erlaubt**,
     sie **erlaubte**

das Erlebnis, die Erlebnisse

    ernähren, es ernährt,
      es ernährte

erschrecken, er **erschrickt**,
     er **erschrak**

    erschrocken

erst, erste, ersten

    ertragen, sie erträgt,
      sie ertrug

    erträglich, erträglicher

    erwachsen

erzählen, sie **erzählt**,
     sie **erzählte**

essen, er **isst**, er **aß**

etwas

euer, eure, eurem, euren

das Experiment, die Experimente

    extra

F/f

fahren, sie **fährt**, sie **fuhr**

das Fahrrad, die Fahrräder

die Fahrt, die Fahrten

fallen, er **fällt**, er **fiel**

die Familie, die Familien

    fangen, sie fängt, sie fing

die Farbe, die Farben

das Fass, die Fässer

der Februar

die Feder, die Federn

    fehlen, sie fehlt, sie fehlte

der Fehler, die Fehler

    fehlerfrei

das Feld, die Felder

das Fell, die Felle

das Ferkel, die Ferkel

das Fest, die Feste

die Feuerwehr

    finden, er findet, er fand

der Finger, die Finger

der Fisch, die Fische

die Fläche, die Flächen

die Flasche, die Flaschen

die Fledermaus,
     die Fledermäuse

    fleißig

    fliegen, sie fliegt, sie flog

    fliehen, er flieht, er floh

fließen, es fließt, es floss
der Floh, die Flöhe
flugs
der Fluss, die Flüsse
das Fohlen, die Fohlen
der Forscher, die Forscher
die Frage, die Fragen
fragen, er fragt, er fragte
die Frau, die Frauen
der Freitag
fremd, fremder
fressen, es frisst, es fraß
freuen, sie freut sich,
sie freute sich
der Freund, die Freunde
die Freundin, die Freundinnen
freundlich
der Frieden
frisch
froh, fröhlich
der Frosch, die Frösche
früh, früher
der Frühling
der Fuchs, die Füchse
fühlen, sie fühlt, sie fühlte
die Furcht
fürchten, er fürchtet,
er fürchtete
der Fuß, die Füße
der Fußball, die Fußbälle
füttern, sie füttert,
sie fütterte

G/g
ganz, ganzem, ganzen
der Garten, die Gärten
der Gärtner, die Gärtner
das Gebäck, die Gebäcke
das Gebäude, die Gebäude
geben, er gibt, er gab
der Geburtstag, die Geburtstage
die Gefahr, die Gefahren
gefährlich
gefallen, es gefällt, es gefiel
das Gefühl, die Gefühle
gegen

das Geheimnis, die Geheimnisse
gehen, er geht, er ging
das Geheul
das Gehör
**gehören, es gehört,
es gehörte**
der Gehweg, die Gehwege
das Geld, die Gelder
das Gemüse
genau
genießen, er genießt,
er genoss
genügend
das Gepäck
gerade
das Gerät, die Geräte
das Geräusch, die Geräusche
gern
das Geschenk, die Geschenke
**die Geschichte,
die Geschichten**
das Gesicht, die Gesichter
gestern
gesund
das Getreide
das Geweih, die Geweihe
gewinnen, er gewinnt,
er gewann
gießen, er gießt, er goss
das Glas, die Gläser
glatt, glatter
der Glaube
glauben, er glaubt,
er glaubte
das Glück
glücklich
graben, er gräbt, er grub
gratulieren, er gratuliert,
er gratulierte
greifen, sie greift, sie griff
der Griff, die Griffe
groß
der Grund, die Gründe
die Gruppe, die Gruppen
gruselig
der Gruß, die Grüße

grüßen, sie grüßt, sie grüßte
gucken, er guckt, er guckte

H/h
das Haar, die Haare
haben, er hat, er hatte
der Hals, die Hälse
halten, sie hält, sie hielt
die Hand, die Hände
das Handy, die Handys
hängen, es hängt,
es hing
der Hase, die Hasen
häufig, häufiger
das Haus, die Häuser
heben, sie hebt, sie hob
das Heft, die Hefte
der Heiligabend
heiß
heißen, er heißt, er hieß
helfen, sie hilft, sie half
hell
der Herbst
der Herr, die Herren
das Herz, die Herzen
das Heu
heute
die Hexe, die Hexen
hier
die Hilfe
der Himmel
hin
die Hitze
hoch, hohe, höher
die Höhe
hoffen, er hofft, er hoffte
die Höhle, die Höhlen
holen, er holt, er holte
die Homepage, die Homepages
hören, er hört, er hörte
das Hörgerät, die Hörgeräte
die Hose, die Hosen
die Hülle, die Hüllen
der Hunger
der Hut, die Hüte
die Hütte, die Hütten

I/i

die Idee, die Ideen
der Igel, die Igel
ihm
ihn
ihnen
ihr, ihre, ihrem, ihren
im
immer
impfen, er impft, er impfte
in
die Information,
    die Informationen
ins
interessant, interessanter

J/j

die Jacke, die Jacken
    jagen, er jagt, er jagte
der Jäger, die Jäger
das Jahr, die Jahre
der Januar
    jede, jeder, jedem, jeden
    jetzt
der Juli
der Junge, die Jungen
der Juni

K/k

der Käfer, die Käfer
der Käfig, die Käfige
das Kalb, die Kälber
    kalt, kälter
die Kälte
    kämmen, sie kämmt,
        sie kämmte
der Kampf, die Kämpfe
    kämpfen, er kämpft,
        er kämpfte
die Kanne, die Kannen
    kaputt
die Kapuze, die Kapuzen
die Karte, die Karten
die Katze, die Katzen
    kaufen, er kauft, er kaufte
    kein, keinem, keinen

der Keks, die Kekse
    kennen, er kennt, er kannte
der Kilometer, die Kilometer
das Kind, die Kinder
der Kinderwagen,
    die Kinderwagen
der Kiosk
    klappen, es klappt,
        es klappte
die Klasse, die Klassen
    klatschen, es klatscht,
        es klatschte
    kleben, er klebt, er klebte
der Klecks, die Kleckse
der Klee
das Kleidungsstück,
    die Kleidungsstücke
    klein
    klettern, er klettert,
        er kletterte
    klingen, es klingt, es klang
    klopfen, sie klopft,
        sie klopfte
    knacken, es knackt,
        es knackte
der Knacks
    kneten, er knetet, er knetete
    kommen, er kommt, er kam
der König, die Könige
die Königin, die Königinnen
    **können, sie kann,
        sie konnte**
    kontrollieren,
        sie kontrolliert,
        sie kontrollierte
der Kopf, die Köpfe
der Korb, die Körbe
die Kraft, die Kräfte
    kräftig, kräftiger
    krank
das Kraut, die Kräuter
das Kreisdiagramm,
    die Kreisdiagramme
    krumm, krummer
die Küche, die Küchen
der Kuchen, die Kuchen
die Kuh, die Kühe
    kurz

L/l

    lachen, er lacht, er lachte
der Lachs, die Lachse
der Laib, die Laibe
der Laich
das Lamm, die Lämmer
die Lampe, die Lampen
das Land, die Länder
    lang, länger
    lassen, sie lässt, sie ließ
das Laub
der Laubfrosch, die Laubfrösche
    laufen, er läuft, er lief
der Läufer, die Läufer
    leben, sie lebt, sie lebte
    leer
    legen, er legt, er legte
der Lehrer, die Lehrer
die Lehrerin, die Lehrerinnen
    leicht, leichter
    leiden, sie leidet, sie litt
    leihen, sie leiht, sie lieh
    lernen, sie lernt, sie lernte
    lesen, er liest, er las
die Leute
das Lexikon, die Lexika
das Licht, die Lichter
    lieben, sie liebt, sie liebte
das Lied, die Lieder
    liegen, er liegt, er lag
die Limonade, die Limonaden
das Lineal, die Lineale
die Linie, die Linien
    links
das Loch, die Löcher
    locker
    lösen, sie löst, sie löste
die Luft, die Lüfte
    lustig

M/m

    **machen, sie macht,
        sie machte**
das Mädchen, die Mädchen
    mähen, er mäht, er mähte

mahlen, sie mahlt,
    sie mahlte
der Mai
    mailen, sie mailt, sie mailte
    malen, er malt, er malte
    man
der Mann, die Männer
die Mannschaft,
    die Mannschaften
das Märchen, die Märchen
der Markt, die Märkte
der März
das Maß, die Maße
die Maschine, die Maschinen
die Maske, die Masken
die Maus, die Mäuse
das Meer, die Meere
das Mehl
    mehr
    mein, meinem, meinen
der Mensch, die Menschen
    merken, er **merkt**,
      er **merkte**
    mich
die Milch
die Minute, die Minuten
    mir
    mitbringen, sie bringt mit,
      sie brachte mit
der Mittag, die Mittage
    mittags
die Mitte
der Mittwoch
der Mixer, die Mixer
die Mode
der Monat, die Monate
der Montag
das Moor, die Moore
der Morgen, die Morgen
    morgen
    morgens
der Motor, die Motoren
    müde
der Muffin, die Muffins
die Mühe, die Mühen
die Mühle, die Mühlen
    müssen, er **muss**, er **musste**

    mutig
die Mutter, die Mütter
die Mütze, die Mützen

N/n

die Nacht, die Nächte
    nachts
    nah, nahe
die Nähe
    nähen, er näht, er nähte
die Nähmaschine,
    die Nähmaschinen
die Naht, die Nähte
die Nahrung
    nämlich
die Nase, die Nasen
    nass
    natürlich
der Naturschutz
der Naturschützer,
    die Naturschützer
der Nebel
    neben
    nehmen, er nimmt, er nahm
    nennen, sie nennt,
      sie nannte
    nett, netter
    neu
das Netz, die Netze
die Neugier
    nicht, nichts
    nie
    niemals
    niedrig
der Nordpol
    notieren, sie notiert,
      sie notierte
der November
    nur
die Nuss, die Nüsse
    nützlich

O/o

    ob
    oben
das Obst

der Ochse, die Ochsen
    oft, öfter
das Ohr, die Ohren
der Oktober
der Onkel, die Onkel
die Organisation,
    die Organisationen
    organisieren, er organisiert,
      er organisierte

P/p

    paar
das Päckchen, die Päckchen
    packen, sie packt, sie packte
der Park, die Parks
    passen, es passt, es passte
    passieren, es passiert,
      es passierte
der Patient, die Patienten
    pfeifen, er pfeift, er pfiff
die Pfütze, die Pfützen
die Pizza, die Pizzas
das Plakat, die Plakate
der Plan, die Pläne
    planen, sie plant, sie plante
die Platte, die Platten
der Platz, die Plätze
    plötzlich
der Pokal, die Pokale
die Polizei
das Poster, die Poster
    prima
die Probe, die Proben
    probieren, sie probiert,
      sie probierte
das Produkt, die Produkte
das Programm, die Programme
der Pudel, die Pudel
der Punkt, die Punkte

Q/u

die Qualität
    quaken, er quakt, er quakte
die Qualle, die Quallen
    qualmen, es qualmt,
      es qualmte

der Quark
das Quartett, die Quartette
der Quatsch
die Quelle, die Quellen
    quer
    quietschen, es quietscht,
      es quietschte
die Quitte, die Quitten
das Quiz

R/r

das Rad, die Räder
    rauben, er raubt, er raubte
der Räuber, die Räuber
der Rauch
der Raum, die Räume
    rauschen, es rauscht,
      es rauschte
das Recht, die Rechte
    rechts
    reden, er redet, er redete
die Regel, die Regeln
    regelmäßig
der Regenwurm,
    die Regenwürmer
    regnen, es regnet, es regnete
das Reh, die Rehe
    reich
    reiten, er reitet, er ritt
    rennen, er rennt, er rannte
der Rest, die Reste
    retten, er rettet, er rettete
    riechen, er riecht, er roch
der Ring, die Ringe
der Riss, die Risse
    roh, rohes
die Rohkost
    rollen, es rollt, es rollte
der Roller, die Roller
der Rücken, die Rücken
    rücken, sie rückt, sie rückte
die Rücksicht
    rufen, sie ruft, sie rief
die Ruhe
    ruhig, ruhiger
    rühren, sie rührt, sie rührte
    rund, runder

S/s

der Saal, die Säle
die Sache, die Sachen
der Sack, die Säcke
der Saft, die Säfte
    sagen, sie sagt, sie sagte
das Salz, die Salze
der Samen, die Samen
    sammeln, er sammelt,
      er sammelte
der Samstag
der Sand, die Sande
der Satz, die Sätze
    sauer
das Säugetier, die Säugetiere
das Schaf, die Schafe
    schaffen, er schafft,
      er schaffte
die Schale, die Schalen
    schälen, er schält, er schälte
der Schatz, die Schätze
    scheinen, sie scheint,
      sie schien
    schenken, er schenkt,
      er schenkte
    scheußlich
    schieben, er schiebt,
      er schob
    schief, schiefer
das Schild, die Schilder
    schlafen, er schläft,
      er schlief
    schlecht, schlechter
    schließen, er schließt,
      er schloss
    schlimm, schlimmer
der Schlitten, die Schlitten
der Schluss
    schmecken, es schmeckt,
      es schmeckte
der Schmerz, die Schmerzen
    schmerzen, es schmerzt,
      es schmerzte
der Schnee
der Schneeball, die Schneebälle
    schneiden, er schneidet,
      er schnitt
    schnell

der Schreck, die Schrecke
    schreiben, sie schreibt,
      sie schrieb
    schreien, er schreit, er schrie
die Schrift, die Schriften
der Schuh, die Schuhe
die Schüssel, die Schüsseln
    schützen, sie schützt,
      sie schützte
der Schwamm, die Schwämme
    schwer, schwerer
die Schwester, die Schwestern
    schwierig
    schwimmen, er schwimmt,
      er schwamm
    schwitzen, er schwitzt,
      er schwitzte
    sechs
der See, die Seen
    sehen, sie sieht, sie sah
    sehr
der Sehtest, die Sehtests
    sein, seinem, seinen
    seit
die Seite, die Seiten
    selbst
der September
    setzen, er setzt, er setzte
der Sieger, die Sieger
    singen, er singt, er sang
    sinken, sie sinkt, sie sank
    sitzen, sie sitzt, sie saß
die Skizze, die Skizzen
    sofort
der Sohn, die Söhne
    sollen, er soll, er sollte
der Sommer, die Sommer
die Sonne, die Sonnen
der Sonntag
    sorgen, sich sorgen, er sorgt
      sich,
      er sorgte sich
    spannend
der Spaß, die Späße
der Spätsommer
    spazieren, er spaziert,
      er spazierte
der Speck

das Spiel, die Spiele
spielen, er spielt, er spielte
die Spitze, die Spitzen
der Sport
die Sprache, die Sprachen
sprechen, er spricht, er sprach
springen, er springt, er sprang
sprühen, sie sprüht, sie sprühte
spucken, er spuckt, er spuckte
spüren, er spürt, er spürte
die Staatszugehörigkeit
die Stadt, die Städte
der Stall, die Ställe
stark, stärker
die Stärke
der Staub
staubig
stehen, sie steht, sie stand
steigen, er steigt, er stieg
der Stein, die Steine
stellen, er stellt, er stellte
der Stern, die Sterne
der Stift, die Stifte
die Stimme, die Stimmen
stoßen, sie stößt, sie stieß
die Straße, die Straßen
der Strauch, die Sträucher
der Strauß, die Sträuße
die Strecke, die Strecken
streiten, sie streitet, sie stritt
das Stück, die Stücke
stürzen, er stürzt, er stürzte
suchen, sie sucht, sie suchte
der Südpol
surfen, er surft, er surfte
süß

T/t

die Tafel, die Tafeln
der Tag, die Tage
täglich
tagsüber

tanken, sie tankt, sie tankte
die Tante, die Tanten
die Tänzerin, die Tänzerinnen
die Tasche, die Taschen
die Tasse, die Tassen
das Taxi, die Taxis
der Tee
der Teich, die Teiche
der Teig, die Teige
der Teller, die Teller
der Test, die Tests
der Text, die Texte
das Theater, die Theater
das Thema, die Themen
tief, tiefer
das Tier, die Tiere
der Tiger, die Tiger
der Tornister, die Tornister
das Tortendiagramm, die Tortendiagramme
tragen, er trägt, er trug
die Trainerin, die Trainerinnen
das Trampolin, die Trampoline
der Traum, die Träume
träumen, sie träumt, sie träumte
traurig, trauriger
treffen, er trifft, er traf
trennen, er trennt, er trennte
die Treppe, die Treppen
trinken, sie trinkt, sie trank
trocken
der Tropfen, die Tropfen
trotzdem
das Tuch, die Tücher
die Tür, die Türen
das Turnier, die Turniere
die Tüte, die Tüten

U/u

üben, sie übt, sie übte
überall
überfahren, sie überfährt, sie überfuhr
der Überfall, die Überfälle

überlegen, er überlegt, er überlegte
die Übung, die Übungen
der Umhang, die Umhänge
umrechnen, er rechnet um, er rechnete um
umziehen, sie zieht um, sie zog um
der Unfall, die Unfälle
die Ungeduld
das Unglück
unheimlich
uns
unserem, unseren
die Unterführung, die Unterführungen
unterhalten, sie unterhält, sie unterhielt
die Unterhaltung
das Unterhemd, die Unterhemden
der Unterricht
unterscheiden, sie unterscheidet, sie unterschied
der Unterschied, die Unterschiede
unterstreichen, er unterstreicht, er unterstrich
unterwegs

V/v

der Vater, die Väter
verändern, er verändert, er veränderte
die Veränderung, die Veränderungen
der Verband, die Verbände
verbieten, er verbietet, er verbot
verfehlen, er verfehlt, er verfehlte
vergessen, sie vergisst, sie vergaß
verhandeln, er verhandelt, er verhandelte
verkaufen, er verkauft, er verkaufte

der Verkäufer, die Verkäufer

der Verkehr

verkleiden, sich verkleiden,
er verkleidet sich,
er verkleidete sich

verletzen, er verletzt,
er verletzte

verlaufen, sie verläuft sich,
sie verlief sich

**verlieren, er verliert,
er verlor**

verschicken, sie verschickt,
sie verschickte

verschlafen, er verschläft,
er verschlief

verschleppen,
er verschleppt,
er verschleppte

verschreiben, er verschreibt,
er verschrieb

die Versetzung

versprechen, er verspricht,
er versprach

das Versprechen,
die Versprechen

**verstecken, sie versteckt,
sie versteckte**

verteilen, sie verteilt,
sie verteilte

versuchen, er versucht,
er versuchte

verwandeln, sie verwandelt,
sie verwandelte

verwandt

viel, viele

vielleicht

vier

der Vogel, die Vögel

voll, voller

vom

von

vorbereiten, er bereitet vor,
er bereitete vor

vorführen, er führt vor,
er führte vor

der Vorrat, die Vorräte

die Vorsicht

vorsichtig

das Vorsprechen

vorstellen, er stellt vor,
er stellte vor

vortragen, sie trägt vor,
sie trug vor

W/w

die Waage, die Waagen

das Wachs

wachsen, es wächst,
es wuchs

der Wagen, die Wagen

die Wahl, die Wahlen

wählen, er wählt,
er wählte

wahr

der Wald, die Wälder

der Waldbrand, die Waldbrände

der Waldkauz, die Waldkäuze

der Waldrand, die Waldränder

wann

warm, wärmer

die Wärme

warum

waschen, er wäscht,
er wusch

wechseln, er wechselt,
er wechselte

der Wecker, die Wecker

Weihnachten

weinen, er weint, er weinte

weiß

das Weißbrot, die Weißbrote

die Weißwurst, die Weißwürste

welche, welchem, welchen

die Welt, die Welten

wem, wen

wenden, er wendet,
er wendete

wenig, weniger

werben, sie wirbt, sie warb

die Werbung, die Werbungen

werden, sie wird, sie wurde

werfen, er wirft, er warf

wichtig, wichtiger

wie

wieder

die Wiese, die Wiesen

wild, wilder

der Wind, die Winde

der Winter, die Winter

wirken, es wirkt, es wirkte

wissen, er weiß, er wusste

die Woche, die Wochen

wohnen, sie wohnt,
sie wohnte

die Wohnung,
die Wohnungen

wollen, sie will, sie wollte

die Wurst, die Würste

Z/z

die Zahl, die Zahlen

zählen, sie zählt, sie zählte

zahlreich

der Zahn, die Zähne

der Zauberstab, die Zauberstäbe

der Zäun, die Zäune

der Zeh, die Zehen

zehn

die Zeitung, die Zeitungen

ziehen, sie zieht, sie zog

zielen, sie zielt, sie zielte

die Zielscheibe, die Zielscheiben

das Zimmer, die Zimmer

die Zitrone, die Zitronen

zittern, er zittert, er zitterte

der Zoo, die Zoos

zu, zum, zur

der Zug, die Züge

zuhören, er hört zu, er hörte
zu

zuletzt

zurück

zusammen

die Zwiebel, die Zwiebeln

Wichtige Fachbegriffe

Adjektive	Adjektive beschreiben, wie etwas oder jemand ist. Wenn Adjektive vor Nomen stehen, verändern sie sich: Das Brot ist frisch – das frische Brot.	
Vergleichs-stufen	Mit Adjektiven kann man vergleichen: Grundform: Der Wasserfrosch ist klein. 1. Vergleichsstufe: Der Grasfrosch ist kleiner. 2. Vergleichsstufe: Der Laubfrosch ist am kleinsten.	32, 33
Bindewörter	Mit Bindewörtern kannst du Sätze verbinden. Dabei ändert sich manchmal die Stellung der Satzglieder. Vor den Bindewörtern steht ein Komma. Ich lache. Paul erzählt einen Witz. Ich lache, weil Paul einen Witz erzählt. Ich lache, denn Paul erzählt einen Witz.	42, 43
Satzarten	Nach Aussagesätzen steht ein Punkt: Die Kinder spielen Ball. Nach Fragesätzen steht ein Fragezeichen: Spielst du mit? Nach Aufforderungssätzen steht ein Ausrufezeichen: Au ja!